AF590377

ESSAI SUR LA PREUVE PAR TÉMOINS.

CHAPITRE PRELIMINAIRE.

DES PREUVES.

LES preuves dont ont ſe ſert pour découvrir la verité des faits conteſtez, ſont des conſéquences légitimes qui reſultent d'un fait évident dont la certitude fait conclure qu'un fait dont on ignoroit la verité, eſt veritable, ou ne l'eſt pas. *M. Danty dans ſes Ob. génér. ſur la pr. teſt. n. 4*

On diſtingue deux eſpéces de preuves; la preuve vocale, & la preuve littérale.

La preuve vocale eſt celle qui ſe tire des dépoſitions d'un nombre de témoins fixé par la Loy.

Il y a deux ſortes de preuves littérales: Les unes ſont fondées ſur des actes autentiques qui portent avec eux la preuve de leur verité par la ſignature d'un Officier public. Ces preuves ſont les plus invariables & les moins ſujettes à l'erreur. *Ordonn. de 1539. art. 92.*

L'autre eſpéce de preuve littérale, eſt celle qui ſe tire de la comparai-

Ordon. de 1667. t. 12 art. 5. & s. Nov. 49. c. 2

son des écritures. On se sert de cette preuve quand il faut vérifier une signature contestée. Les vérifications ne peuvent se faire qu'avec des actes autentiques ou produits par la partie dont on veut reconnoître l'écriture.

M. Boic. traité de la pr. test. p. 2 ch. 1. n. 5.

La preuve par comparaison d'écritures, est une preuve accessoire que les Juges ne doivent admettre que pour confirmer une premiere preuve écrite. Cette preuve n'a pas la même autorité dans les Jugemens que la preuve autentique; mais comme elle est moins dangereuse que la preuve vocale, on la préfére à celle-cy dans les matieres civiles, quoiqu'il y ait naturellement moins de certitude dans le raport des Experts, que dans la déposition des témoins.

Ordon. de Moulins, a. 54. & 55. Ordon. de 1667 tit. 20 art. 2. & s.

Nos Ordonnances ne recoivent point la preuve vocale, lorsque les parties ont pû se procurer une preuve par écrit, & encore moins quand il se trouve un écrit qui assure la verité. Car le seul effet qu'elle pourroit avoir dans cette derniere circonstance, seroit de jetter le Juge dans une incertitude dangereuse, si les deux preuves venoient à se détruire par les conséquences oposées qu'on pourroit en tirer.

M. Dom. Loix civ. L. 3. t. 6. Sect. 2. art. 5.

Cependant parce que la preuve littérale, tire toute sa force de la fidélité du témoignage que donne l'écrit de la verité, lorsqu'on donne atteinte à cette fidélité, la preuve par témoins doit être admise, soit qu'on s'inscrive en faux contre l'acte, soit qu'on pretende qu'il ait été fait par l'impression d'une crainte & d'une violence qui doive en empêcher l'effet.

Toutes les preuves doivent servir à l'instruction des procès, & elles doivent être rejettées quand elles ne peuvent point éclairer la réligion des Juges. Il est trois circonstances dans lesquelles une preuve est inutile.

Premierement, quand le fait dont on demande à faire preuve, est établi par une preuve légitime; Secondement, lorsqu'il est étranger à la contestation; Troisiémement, lorsqu'il est négatif. La premiere de ces preuves est superfluë, puisque sans elle le Juge est en état de porter son Jugement. L'autre est impuissante, & la troisiéme naturellement impossible.

Wesen. Parat. Dig. de pr. Mill. in pract. cr.

Les Juges qui ont été témoins d'un fait qu'on demande à prouver, n'en sont pas légitimement instruits. La preuve dans ce cas est nécessaire; & ils doivent même porter leur jugement conformément à cette preuve, quand elle se trouveroit contraire à la connoissance qu'ils ont de la verité. Cette proposition n'est point hazardée: Il vaut mieux qu'un jugement soit contraire à l'interêt d'un particulier, que de blesser l'ordre public.

L. 1. Dig. de Confessis. M. Arg. Inst au Dr. Fr. Tom. 2. L. 4. Ch. 19.

Il est inutile de prouver les faits qui sont avoüez par une partie. Sa confession sert de preuve en matiere civile: Il n'en est pas de même dans les matieres criminelles; la confession des accusez, ne suffit pas pour la conviction du crime: Il faut qu'elle soit apuyée de quelques présomptions. La justice qui s'interésse au sort des coupables jusqu'au jour de leur condamnation, aprehende que de pareilles confessions ne soient l'effet de leur trouble, ou de leur désespoir.

On ne doit point recevoir la preuve des faits étrangers à la contestation. On apelle faits étrangers, ceux dont on ne peut tirer aucune conséquence qui puisse établir la verité du fait qu'on cherche à connoître.

Old. disp. for. de Jur. & Æq. Or. de 1667 tit. 23. art. 4.

La preuve d'un fait négatif est naturellement impossible. Les négatives n'ont rien de réel qui les fassent tomber sous les sens: De ce que mille témoins ignorent que j'ai prêté cent écus à Mévius, en conclura-t'on que je ne les lui ai pas prêté; ce seroit le comble de l'égarement. Mais si l'on ne peut pas prouver directement les négatives, comme nous l'enseignent les interpretes du Droit Romain; il faut avoüer avec Pérézius, qu'elles peuvent être prouvées d'une maniere indirecte. Car toute proposition négative, contient implicitement par les circonstances, une afirmation dont la preuve peut être faite.

Wesenb. Parat. Dig. de Pr. Bach. ibid.

On met ordinairement au nombre des preuves légitimes la preuve conjecturale; mais il faut observer que la Loy ne se détermine jamais sur des présomptions d'une maniére décisive, que quand il se trouve une liaison presque nécessaire entre un fait connu & le fait qu'elle cherche à connoître. C'est pourquoi l'on distingue deux sortes de présomptions. Les unes sont des présomptions de droit & autorisées par le droit. Ces présomptions forment une preuve légitime, parce qu'ayant pour elles le sufrage de la Loy, les Juges ne peuvent pas les regarder comme de simples conjectures. Il ne leur est pas permis d'admettre aucune preuve qui puisse altérer la certitude de ces présomptions. Car la Loy qui préjuge avec sagesse qu'elle voit la vérité, ne veut point être dementie.

Cujac, Par. Cod. de Pr. Wesenb. P. Dig. eod.

Præsumpt. Juris & de Jure.

Alc. de Pr. pant. 2. n. 3 in præl.

M. Danty, c. 7. n. 35.

Les autres présomptions qu'on nomme simples présomptions de droit, ne sont que des conjectures probables fondées sur des signes certains qui servent de preuves jusqu'à ce qu'elles soient détruites par des preuves contraires. Comme il n'est pas possible de raporter icy toutes ces présomptions, nous nous contenterons d'en indiquer les causes les plus ordinaires.

Præsumpt. Juris.

Alciat. ubi sup.

Premiérement la Loy présume que les hommes remplissent leurs devoirs, soit qu'ils les remplissent par la crainte qu'elle leur inspire, soit qu'ils soient assez justes pour s'en aquitter par amour.

Secondement la Loy présume qu'on a observé dans les Actes & dans les Jugemens les formalitez qu'elle a renduës nécessaires. Cette présomption est fondée sur ce que les formalitez sont des précautions prises par les Législateurs pour s'assurer de la vérité, & qu'on ne peut pas négliger ces précautions sans manquer au respect qui leur est dû.

Mais si la Loy ne présume rien d'injuste ni de contraire à ses dispositions, c'est lorsqu'elle n'a pas lieu d'apréhender que la raison de l'homme soit altérée par quelqu'impression d'amour, de vengeance, d'intérêt. Car comme les présomptions ne sont que des raisonnemens qu'elle tire des circonstances qui lui sont connuës, elle ne préjuge jamais la verité qu'après avoir réuni toutes ses circonstances. Ainsi quoique la Loy présume ordinairement qu'une personne doit lorsqu'elle confesse devoir; cependant quand un testateur reconnoit devoir une somme au fils de sa femme, la Loy présume de l'amour d'un mari pour son épouse, qu'une pareille reconnoissance faite en faveur du fils, est un fideicommis déguisé qui doit retourner au profit de la mere: Mais la présomption seroit afoiblie, si le testateur laissoit lui même un fils, parce que la tendresse conjugal auroit dû être balancée par l'amour paternel.

Gui Pap. Quest. 95. Main. L. 6. Ch. 1. Arr. pour la Coû. de Vitri.

Enfin dans les évenemens qui dépendent du hazard, la loi dans l'incertitude présume qu'il est arrivé, ce qui arrive plus ordinairement. Ainsi si le pere & le fils mouroient dans la même Bataille, & que par les circonstances on ne pût pas juger lequel des deux seroit mort le premier, la Loy dans la nécessité de se déterminer, préjugeroit que le fils a survecu son pere. Dans cette conjoncture où ce que la nature a fait, demeureroit inconnu: la Loy suposeroit que la nature a fait, ce qu'il semble que la raison auroit souhaité.

M. Domat, Loix civ. L. 3. t. 6. Sec. 4. art. 15. Voyez les nouv. notes sur la Coût. d'Orl. art. 301. n. 3.

Nous avons cru devoir donner ces notions préliminaires, avant que de nous engager dans le traité de la preuve par témoins. Afin de mettte plus d'ordre dans nos réflexions, nous diviserons ce traité en deux parties.

Dans la premiere partie, nous établirons les régles prescrites par les Ordonnances de Moulins, & de 1667. Nous verrons dans la seconde ce qu'il faut pour que la preuve testimoniale soit concluante, & nous discuterons quels sont les reproches qu'on peut légitimement proposer contre des témoins, pour faire rejetter leurs dépositions comme suspectes.

Ordonn. de Moul. art. 54. & 55. Ordonn. de 1667 t. 20. art. 2. & s.

PREMIERE PARTIE.

DES REGLES PRESCRITES PAR LES ORDONNANCES DE MOULINS, ET DE M. DC. LXVII.

LEs Ordonnances de Moulins, & de 1667. nous prescrivent plusieurs régles sur la preuve par témoins. La premiere & la plus générale de ces régles (car les autres ne sont que des exceptions à celle-cy) est qu'on doit admettre la preuve testimoniale, lorsqu'il n'a pas été au pouvoir des parties d'avoir une preuve par écrit, & qu'elle doit être rejettée quand les parties ont pû se procurer une preuve littérale. Essayons de déveloper ce principe par l'aplication qu'on en peut faire aux différentes espéces d'actions qui sont en usage dans la Jurisprudence Françoise.

Toutes les actions qui se présentent dans les Tribunaux, sont ou réelles ou personnelles. Dans les actions réelles, nous agissons contre une personne qui posséde une chose, & qui n'est obligée envers nous que parce qu'elle la posséde, & qu'autant qu'elle la posséde. Dans les actions personnelles nous demandons une chose qu'on est obligé de nous donner, ou de nous faire par un engagement, dont la cause est diférente de la possession.

Il est des actions mixtes, c'est-à-dire, qui participent en même tems des actions réelles & des actions personnelles. Ces actions sont d'un usage fréquent au Palais. Car on ne manque pas de conclure contre les tiers détempteurs à ce qu'ils soient condamnez de déguerpir les héritages qu'ils possédent, & à restituer les fruits qu'ils ont perçû, ou à payer des dommages & intérêts. Mais comme ces actions participent plus des actions réelles que des personnelles; nous en parlerons dans le chapitre des actions réelles, après avoir traité dans un chapitre particulier, des actions d'Etat.

CHAPITRE PREMIER.

DES ACTIONS D'ETAT.

LEs actions d'Etat, sont celles dans lesquelles il s'agit de l'état des personnes. L'état est une qualité qui distingue les hommes & qui détermine la Loy à établir un droit diférent à leur égard. Ainsi la nature ayant distingué les deux sexes, la Loy suivant le vœu de la nature, à mis entre eux cette diférence pour ce qui regarde leur état, que les hommes sont capables des charges municipales & des fonctions de la magistrature, & que les femmes en sont incapables par la seule raison du sexe; ce qui rend en plusieurs choses leur condition moins avantageuse, & en d'autres moins onéreuse que celle des hommes.

M. Domat, loix civ. liv. prélim. tit. 2. Sect. 1. Art. 1.

Toutes les distinctions qui forment l'état des personnes, ne sont pas appuyées sur des qualitez naturelles, plusieurs ont leur fondement dans l'ordre politique. C'est une Loy purement arbitraire qui distingue les nobles des roturiers, les main-mortables des personnes libres, &c.

Trois choses concourent principalement à fixer l'état des hommes; la liberté, les droits de cité, & les droits de famille.

SECTION I.

DE LA LIBERTÉ.

TOus les hommes sont libres ou esclaves. La liberté est leur état naturel; l'esclavage n'a été introduit que par l'injustice & la violence des premiers conquérans.

L. 4. Dig. de stat. hom. Les personnes libres, sont celles qui ont le droit de faire ce qu'il leur plaît, à l'exception de ce qui est défendu par les Loix, ou de ce que la violence les empêche de faire. Les esclaves au contraire sont au pouvoir d'un maître qui peut disposer de leurs personnes, de leur travail, & de tout ce qu'ils aquierent comme d'un bien qui lui est propre.

D. l. 4. §. 1. Inst. §. 2. de jur. pers. Inst. §. 3. per qu. pers. cui. acq.

Il n'y a point d'esclaves en France, nos Rois se font un devoir de protéger la liberté favorisée des suffrages de la nature & du Christianisme. Mais si tous les François sont libres de cette liberté oposée à la servitude corporelle, sous laquelle gémissoient les esclaves dans les premiers siécles, il se trouve encore dans quelques Provinces des gens d'une condition servile, dont l'état tient en quelque façon le milieu entre la liberté & l'esclavage. Il seroit à propos, dit M. de la Moignon, d'éfacer cette tâche de servitude, & d'afranchir les main-mortables en dédommageant les Seigneurs.

Dans les coût. de Vitri, de Châl. de Bourgog. Duché. de Niver. &c.

ARTICLE PREMIER.

Tout esclave qui aborde des Païs étrangers, devient libre en entrant dans le Royaume, si l'on ne prouve pas par écrit qu'il est dans le cas de l'exception marquée par la Déclaration de 1685. & de l'Edit de 1716.

Décl. du mois de Mars 1685 l'Ed. de 1716. art. 2. 3.

I I.

Quand un Seigneur prétend avoir des droits sur des serfs, si ces droits ne sont point établis par la coûtume, il est obligé de raporter les titres sur lesquels il fonde sa demande.

Loysel, liv. 1. tit. 1. reg. 6. M. Eusebe de Laur. sur cette regle. Poquet de Liv. des person. Sect. 4. reg 37. 38.

I I I.

Ceux dont la servitude est purement réelle, ne déviennent libres [a] qu'en abandonnant les héritages qui les rendent serfs ; car les droits seigneuriaux ne sont pas sujets à prescription. Mais les serfs [b] de poursuite qui joüissent publiquement dans leurs Provinces de la liberté pendant vingt ans, prescrivent la franchise. Ils doivent être reçûs à prouver par témoins cette possession publique, autrement la prescription leur seroit inutile, puisqu'elle ne s'aquiert que par le seul laps du tems déterminé par la Loy.

a *Coût. de Bourg. c. 9. art. 0.*

b *Cout de Vitri art. 141.*

I V.

L'afranchissement des serfs ou main-mortables ne peut être prouvé que par écrit; & la faveur de la liberté ne doit pas autoriser les Juges à recevoir une preuve rejettée par nos Ordonnances.

SECTION II.

DES DROITS DE CITÉ.

LEs droits de Cité sont tous les avantages qui nous sont donnez par les Loix de l'état. Ceux qui sont privez de ces avantages sont morts civilement. La vie civile est donc l'état dans lequel nous joüissons de tous les droits établis par la nature & par l'ordre des Loix, par raport aux engagemens & aux successions.

ARTICLE PREMIER.

Les Aubains qui veulent joüir des droits de Cité, doivent prouver qu'ils ont été naturalisez, & cette preuve ne peut se faire qu'en raportant des lettres du Roy verifiées en la Chambre des Comptes. Les Habitans des Provinces qui de droit apartiennent au Roy, quoiqu'en éfet elles ne lui obéïssent pas; tels que sont les Flamans, les Milanois, les Navarrois, n'ont besoin que de simples lettres de Déclaration par lesquelles le Roy les reconnoisse pour ses sujets.

Loysel liv. 1. tit. 1. reg. 56.

Voyez la nouv. prat. de M Lange liv. 2. ch. 1.

II.

Parmi ceux qui joüissent des droits de Cité, il y en a qui ont le droit de joüir dans l'Etat de certains priviléges & de marques d'honneur particuliéres; on les apelle nobles. La Noblesse ne se présume point : la preuve doit s'en faire par écrit, soit en faisant voir le titre d'anoblissement, soit en raportant des titres d'une possession de cent ans, quand il ne paroit point au-delà de ce tems quelque chose de contraire à la possession.

Baquet du droit d'anoblissement. ch. 23.

III.

Lorsqu'il s'agit de prouver qu'une personne a dérogé à sa Noblesse, on peut se servir de la preuve par témoins ou de la preuve littérale selon les circonstances. Il faut seulement observer que la preuve par témoins peut être admise, quoique la Noblesse soit prouvée par écrit, sans qu'on puisse dire que ce soit admettre la preuve par témoins contre la preuve littérale. Car il est différent de prétendre qu'une personne a dérogé à sa Noblesse, & de soûtenir qu'elle n'a point été noble.

IV.

Celui [a] qui a dérogé à sa Noblesse, & qui dit avoir été réhabilité, doit produire des lettres de réhabilitation.

V.

On perd la Noblesse & tous les autres avantages de la vie civile par la condamnation capitale qui est une suite ou une punition du crime, & par la profession solemnelle des vœux de réligion dans un ordre aprouvé. La [b] profession des vœux de réligion ne peut se prouver que par écrit. On ne doit

a *La Roque trait. de la Nob. c. 136. M. Danty dans ses ad. sur le comm. de M. Boic. p. 1. ch. 17. n. 64.*

b *Con. Tri. Seff. 25. c. 16. Ord. de Moulins art.*

35. Ord. de 1667. tit. 20. art. 15.

pas non plus recevoir la preuve par témoins d'une condamnation capitale, puisqu'il se doit trouver dans les Greffes, des Actes qui en assurent la vérité.

SECTION III.

DES DROITS DE FAMILLE.

LEs droits de famille sont les avantages que la Loy donne à ceux qui sont sortis d'une tige commune ; tels sont les droits de successions réciproques, de rétrait lignager, &c. Pour joüir de ces avantages de la Loi, il faut par les preuves de sa naissance établir sa parenté, & prouver qu'elle naît d'un mariage légitime. Car la parenté qui naît d'une conjonction illicite, ne donne point les droits de famille.

Coût. d'Orl. article 310.

ARTICLE PREMIER.

Quoi qu'un enfant malheureux dont la perte est conjurée par des parens dénaturez ou par des domestiques infidéles, ne puisse point en naissant se procurer une preuve par écrit de sa filiation, cependant la Loy ne lui permet pas de se servir de la preuve par témoins pour reclamer les droits de sa naissance. Les Législateurs se sont écartez de la régle générale par les vuës superieures du bien public. Ils ont préféré la tranquilité de l'état aux motifs aparans de l'équité.

II.

La naissance se prouve par un Extrait des Régistres publics, & par la possession. C'est sur ces deux genres de preuves que porte l'état des personnes. La preuve de la possession est la plus ancienne & la moins sujette à l'erreur : celle des Régistres publics est la plus nouvelle & la plus autentique.

III.

Voyez les Mém. de M. la Marq. de Boudeville, contre les S. & Dame de Briux.

Il ne peut pas se former une question sérieuse sur la naissance d'un citoyen, quand les Régistres & la possession sont d'accord à son égard, soit que ces preuves se réunissent pour l'exclure de l'état auquel il aspire, soit qu'elle se prétent un secours mutuel pour confirmer l'état qu'on lui conteste.

IV.

Quand les titres & la possession se choquent & se contredisent, les questions dépendent de la variété des circonstances. Ou l'on est attaqué dans un état dont on est en possession, ou l'on reclame un état dont on n'a jamais joüi. Dans le premier cas, celui qui est attaqué dans sa possession, n'a pas besoin de recourir à aucun genre de preuve, il posséde, à ce seul titre, on ne peut pas hésiter à le maintenir. Dans le second cas, celui qui reclame un état dont il n'a jamais joüi, trouvant le même obstacle de la possession, ne peut réussir dans son entreprise, s'il n'a en sa faveur des titres qui prouvent que la passion & l'injustice, l'en ont dépoüillé.

V.

Lorsque les Régistres publics viennent au secours d'un citoyen privé des avantages d'une reconnoissance solennelle, on doit l'admettre à prouver par témoins qu'il est ce même enfant, dont les Régistres publics assurent la naissance. Car la filiation étant établie, il ne s'agit plus que de prouver l'identité, & la preuve par témoins est la seule dont on puisse se servir pour parvenir à connoître la verité. Mais pour que la preuve testimoniale soit concluante, il faut que les témoins déposent de faits tellement liez & suivis, qu'il ne se trouve aucune interruption depuis l'instant de la naissance jusqu'au jour de la contestation.

Voy. les Mem. de Mademoiss. Ferand contre Mad. de Bellinzani sa Mere.

VI.

Il est aisé de conclure des principes que nous venons d'établir que la preuve par témoins n'est pas admissible pour prouver la majorité.

Ord. de 1667. tit. 20. art. 7.

VII.

Les Mariages ne se présument point par la cohabitation publique. Le concile de Trente, & les Ordonnances de Blois & de 1667. veulent qu'on en raporte une preuve autentique, afin de ne pas confondre avec les Mariages légitimes, ces conjonctions criminelles qui ne sont que les suites trop ordinaires de la débauche.

Conc. Trid. Sess. 24. Ref. matr. C. 1 & 2 Ord. de Blois de 1585. art. 40. Ord. de 1667. tit. 20. art. 7.

VIII.

Quand on raporte un acte de célébration, la Loy présume que le Mariage a été légitimement contracté. C'est à celui des conjoints ou aux autres parties intéressées qui en prétendent la nullité, à prouver, ou qu'il n'y a point eu de consentement, ou que les parties ne pouvoient point se marier, ou enfin qu'elles ne se sont point mariées avec les formalitez prescrites par les Ordonnances.

Ext. de Sponf. C. 14. & 15. Conc. Tr. Sess. 25. ref. m. C. 6. Ordon. de 1539. art. 3.

IX.

On peut se servir de la preuve par témoins, 1°. lorsqu'il s'agit de prouver qu'il n'y a point eu de consentement; 2°. quand on pretend que le Mariage a été précédé d'un adultére accompagné d'une promesse de s'épouser, ou d'un attentât à la vie d'un premier mari ou d'une premiere femme; 3°. lorsqu'on soutient que le mariage est nul, parce qu'il y avoit entre les conjoints une affinité produite par une conjonction illicite. Mais nous observerons que les Juges doivent rarement admettre la preuve de ce dernier fait. Car celle des parties qui s'est mariée dans l'ignorance d'un pareil empêchement, ne pourroit plus dans la suite demeurer avec l'autre partie sans péché, ni s'en séparer sans scandale.

M l'Ab. Fleury inst. au dr. eccles. tom. 1. part. 2. ch. 5.

X.

Les femmes abusées sous la vaine promesse d'un amour conjugal, peuvent accuser leurs maris d'impuissance, & faire déclarer leurs mariages nuls. La preuve de l'impuissance ne peut se faire que par la visite du mari, & par celle de la femme quand on ne peut pas tirer de la premiere des éclair-

Ext. de Frigid. & malef.

Arrêt du 18. fev. 1677. raporté dans le Jour. du Pal. tom. 2.

cissemens nécessaires. La preuve du congrès a été abolie comme contraire à la pudeur, honteuse à la nature, & incertaine dans ses éfets.

X I.

Ext. de sponsf. impub.

Voyez le c. 18 du Levitique, & le décr. du Pap. Inn. III.

Voyez les diss. de M. Meyerus prof. de Haderwik, imp. à Amsf. en 1688.

Il faut raporter une preuve littérale quand on soutient la nullité d'un mariage, ou parce que l'un des deux conjoints n'avoit point encore atteint l'âge de puberté lorsqu'il s'est engagé, ou parce qu'ils étoient l'un & l'autre parens dans un des dégrez prohibez. Il en est de même lorsqu'il s'agit de prouver que le Mari étoit engagé dans les ordres sacrez, ou que l'un ou l'autre des deux conjoints étoit lié par une profession solennelle des vœux de réligion, ou par un premier mariage. Dans tous ces cas le mariage est nul; car la nature défend la polygamie, & les loix de l'Eglise regardent les mariages des Ecclesiastiques & des Réligieux profés, comme des conjonctions illicites, incestueuses & sacriléges.

X I I.

Epist. S. Pauli ad Ephes. c. 5. v. 32.

Les Ordonnances ont prescrit plusieurs formalités nécessaires pour la validité des mariages. Comme Jesus-Christ en élevant le mariage à la dignité de Sacrement, n'a prétendu sanctifier que les unions aprouvées par les Loix, un mariage contracté au mépris de nos Ordonnances, n'est qu'une conjonction illégitime, une cohabitation scandaleuse, un abus & une profanation du Sacrement.

X I I I.

Ordonn. de Blois art. 40.

Conc. Trid. Sess. 24 ref. matr. c. 2.

La premiére des formalités nécessaires pour la validité des mariages est la publication des Bans. Cette publication est un ancien usage de l'Eglise de France adopté par l'Eglise universelle dans le concile de Latran, & confirmé depuis dans le concile de Trente. On ne peut pas prouver par témoins la publication des Bans, non plus que la dispense des Evêques de cette publication, ni les opositions qu'on prétend avoir été formées à la célébration d'un mariage. Tous ces actes doivent être rédigez par écrit.

X I V.

Conc. Tr. Ord. de Blois ubi sup. M Danty dans ses add. sur le com de M Boic. p. 1. c. 4. n 25.

Une seconde formalité indispensable est la présence du Curé des parties contractantes. Il est sans difficulté qu'on doit admettre la preuve par témoins du véritable domicile des parties, nonobstant l'énonciation faite dans le contrat de mariage & dans l'acte de célébration : autrement les parties pourroient aisement, en se suposant un faux domicile, contracter un mariage clandestin, & contrevenir au decret du Concile de Trente, qui a établi la présence du propre Curé comme une solennité nécessaire, à laquelle on ne doit pas donner atteinte par des énonciations fausses & simulées.

X V.

Ord. de Blois a. 40. Melun, 25. Edit. de 1556.

Ord. de Blois a. 40. 41. 42.

La troisiéme formalité ne regarde que les mariages des Mineurs qui doivent, avant que de s'engager, obtenir le consentement de leurs Peres & Meres, Tuteurs ou Curateurs. Car la minorité seule suffit pour faire présumer que le Mineur a été suborné, & le rapt de séduction rend le mariage nul, suivant les Canons & les Ordonnances. Mais il n'y a que les Peres,

Meres, Tuteurs ou Curateurs qui soient en droit d'oposer cette nullité. Les Mineurs ne le peuvent pas eux-mêmes ; car après avoir manqué à la réligion, à la nature, aux regles les plus pures de la société, ils doivent gémir de leur faute & l'ensevelir dans un éternel oubli. La Loi n'a pas été faite pour servir leur inconstance & leur infidélité. Les collateraux ne peuvent pas non plus oposer le défaut de consentement du Pere, &c. car la Loy présume ce consentement tant qu'il n'y a point de contradiction de sa part. Il seroit même injuste d'obliger les enfans à en raporter la preuve, parce que ce consentement ne résulte souvent que d'une foule de circonstances, dont les traces s'éfacent à mesure qu'elles se forment. Mais les Curez qui ne peuvent pas marier des fils de famille sans le consentement de leurs Peres, ne peuvent pas s'en raporter à la preuve par témoins pour s'assurer de la verité de leur consentement. La subornation n'est jamais plus à craindre, & leur imprudence les exposeroit à être punis comme fauteurs du crime de rapt. *Ord. de 1606. a. 32. Ord. de 1539. a. 1. Voyés les Mém. du Comte de Sponeck contre les enfans de la Baron. de l'Espérance.*

XVI.

Il faut joindre aux formalités indispensables pour la validité du Sacrement de mariage, une quatriéme condition nécessaire pour que le contrat produise des éfets civils, c'est que les conjoints ayent publié leurs engagemens. Nos Ordonnances ont déployé leur sévérité contre ces mariages secrets que le crime souvent précéde, que la honte accompagne, & qui formez à l'insçû & au mépris des familles, en même tems qu'ils les dèshonorent, deviennent pour elles une source perpetuelle d'amertume & d'inquiétude. On peut admettre la preuve par témoins pour prouver qu'un mariage a été secret: mais cette preuve n'est d'aucune autorité, lorsqu'on raporte des titres qui établissent sa publicité. *Ord. de 1539. art. 5. 6.*

XVII.

Comme le mariage est le plus important de tous les contrats, & qu'il regle l'interêt des familles qui s'unissent, on ne manque presque jamais d'en assurer les conventions par écrit. Lorsque les parties ont négligé de prendre cette précaution, on présume qu'elles sont convenuës des dispositions de la coûtume. La Loi ne reçoit point la preuve du contraire. Elle seroit d'autant plus dangereuse, qu'elle pourroit servir à faire valoir des avantages indirects.

XVIII.

Quand un mari pour avantager sa femme reconnoit avoir reçû d'elle une somme plus forte que celle qu'elle aporte en communauté, la preuve du contraire ne doit point être admise, car c'est une maxime de Droit que celui qui peut donner, peut reconnoître avoir reçû. Mais si le mari avoit des enfans d'un premier mariage, comme il n'auroit pû avantager indirectement sa femme en reconnoissant avoir reçû d'elle une dot excessive contre la vérité, cet avantage seroit réductible suivant l'Edit des secondes Noces ; & la preuve par témoins pourroit être reçûë au profit des enfans du premier lit, parce que la fraude est toujours exceptée de la prohibition de l'Ordonnan- *M Danty dans ses add. sur le comm. de M. Boic. part. 1 c. 6. n. 25.*

ce, qui n'a pas d'ailleurs entendu empêcher l'exécution de celle de 1566, ni autoriser les avantages indirects, en en défendant la preuve.

XIX.

Baquet des droits de justice ch. 15. n. 60.

Lorsqu'un mari depuis la célébration du mariage a avantagé indirectement sa femme, ses héritiers peuvent prouver par témoins ces avantages indirects. On doit admettre à plus forte raison les créanciers à faire la même preuve. Car on n'a pû leur faire aucun préjudice en contrevenant aux Ordonnances. Mais la preuve par témoins ne doit être reçûë que lorsqu'il y a des présomptions de fraude.

XX.

S. Math. c. 19. v. 9.

Le Mariage est un lien dissoluble; car l'Evangile ne permet aux Maris de répudier leurs Femmes que dans le cas de l'adultére, & l'adultére n'est plus une raison légitime de divorce. Le mariage ne finit dans nos mœurs que par la mort de l'un ou de l'autre des conjoints : mais nous reconnoissons deux sortes de séparations dont les Loix nous permettent l'usage ; la séparation de biens & la séparation d'habitation. Ces séparations ne doivent point être volontaires. Celles qui ne sont que consenties par les parties sont contraires à l'honnêteté publique. Elles doivent être prononcées en Justice, & il faut raporter les Sentences qui les ont ordonnées. Les Sentences mêmes ne sont d'aucune autorité, lorsqu'il ne paroît pas qu'elles ayent eu leur exécution.

Louet & Brodeau let. S. n. 16. Coût d'Orl. art. 198. Coût. de Paris, art. 224.

XXI.

Si l'on ne doit pas admettre la preuve par témoins des séparations, on peut s'en servir pour les faire ordonner en Justice, soit qu'il faille prouver les sevisses & les mauvais traitemens du mari; soit qu'il s'agisse de faire connoître sa dissipation, & qu'il ne soit pas possible de raporter des titres qui puissent l'établir, tels que pourroient être des obligations contractées par le mari, des contrats de vente de ses immeubles, des saisies de ses biens à la requête de ses créanciers, &c.

M. Arg. inst. au dr. franc. t. 2. liv. 3. c. 20.

XXII.

Lorsqu'un mari ne convient point de la dissipation, quoiqu'on se serve contre lui d'une preuve littérale, il peut prouver par témoins sa bonne conduite, sans qu'on puisse dire que ce soit admettre la preuve par témoins contre la preuve par écrit. Car on ne prouve pas directement la dissipation, mais un fait qui la fait présumer : & si la preuve par témoins ne doit pas être reçûë pour détruire le fait établi par la preuve littérale, on peut l'admettre pour combattre la conséquence qu'on prétend en tirer.

XXIII.

M. Danty dans ses add. p. 1. c. 6. n. 51.

M. de Lalande sur l'art. 199. de la C. d'Orl.

Il n'est pas permis après une séparation juridique, de prouver par témoins que cette séparation ne subsiste plus ; parce qu'il est de l'intérêt public que l'état & la qualité des personnes ne dépendent pas de leur caprice, & que quand deux conjoints se sont fait séparer par autorité de Justice, la communauté ne soit rétablie entr'eux que par un acte autentique.

CHAPITRE II.

DES ACTIONS RE'ELLES.

Les actions réelles sont celles dans lesquelles nous agissons contre une personne qui posséde une chose, & qui n'est obligé envers nous que parce qu'elle la posséde, & qu'autant qu'elle la possede.

La possession d'une chose oblige le possesseur à la restituer quand il n'en est pas le véritable propriétaire; s'il en est légitime propriétaire, elle l'oblige à divers engagemens, auxquels on peut le contraindre de satisfaire tant qu'il posséde; mais dont il peut s'aquiter sans cesser de posséder. De là naît la division des actions réelles, en pures réelles & réelles mixtes.

Comme on distingue la possession de la propriété, les actions pures réelles se divisent en possessoires & pétitoires. Elles sont possessoires, quand il s'agit de la possession de la chose contentieuse: elles sont pétitoires lorsqu'il s'agit de la propriété.

La propriété est, ou pleine, ou partielle. Celle-cy forme les droits réels. Les droits réels donnent lieu à diferentes actions. On les nomme confessoires ou négatoires lorsqu'il s'agit de servitudes; quand il s'agit de redevances foncieres, on les apelle actions en reconnoissance ou déclarations.

SECTION I.

DES ACTIONS RE'ELLES MIXTES.

Les actions réelles mixtes sont celles dans lesquelles nous agissons contre un propriétaire pour qu'il soit tenu de remplir certains engagemens qui naissent de sa possession, & dont il peut s'aquiter sans cesser de posseder.

Les Jurisconsultes Romains ne comptoient que trois espéces d'actions réelles mixtes, l'action de bornage, l'action de partage entre cohéritiers, & l'action de partage entre copropriétaires. Mais nous donnons aujourd'hui le nom d'actions réelles mixtes à toutes les actions dans lesquelles nous demandons qu'un possesseur soit tenu de déguerpir un héritage qui nous apartient, & de nous restituer les fruits qu'il a perçû, ou de nous payer des dommages & interêts, quoique ce soit plûtôt deux actions réunies dans un même exploit de demande, qu'une espéce diférente des actions réelles & des actions personnelles.

Inst. §. 20. de act.

Dans l'action de bornage on demande que des héritages contigus soient bornez & limitez. Toutes les personnes qui ont interêt que deux héritages soient limitez, peuvent intenter cette action, soit qu'ils soient propriétaires, comme des Seigneurs pour les bornes de leurs territoires & de leurs Jurisdictions, soit qu'ils ne soient qu'usufruitiers, comme les Curez & les Décimateurs pour les limites de leurs Paroisses & de leurs dîmages.

L. 4. §. 9. Dig. fin. regund.

L'action de partage entre cohéritiers est celle par laquelle un héritier demande à ses cohéritiers le partage d'une succession qui leur est échuë. Celui qui intente cette action fait usage du droit qu'il a de prendre dans les biens de la succession une portion separée de celles des autres, & qui lui tienne lieu de la portion qu'il avoit indivise dans les mêmes biens.

M. Domat, loix civ. p. 2. liv. 1. tit. 4. sect. 4. art. 1.

L'action de Partage entre copropriétaires ne difére de l'action de partage entre cohéritiers, que parce qu'il ne s'agit point ordinairement dans cette action d'une universalité de biens, mais d'une chose particuliére que deux propriétaires possédent par indivis.

ARTICLE PREMIER.

Quand il s'agit de marquer les confins de deux héritages contigus, il faut se régler par les anciennes bornes qu'on avoit plantées pour en marquer la séparation, ou par les titres qui déterminent l'étenduë & les limites de ces héritages. Cependant si l'une des deux parties articuloit une possession contraire, & prétendoit avoir prescrit contre les titres de l'autre partie, la preuve par témoins ne pourroit pas lui être refusée pourvû que les titres qu'elle raporteroit, ne fussent pas contraires à sa possession.

L. 11. Dig. l. 2. cod. fin. regund.

I I.

La diférence des biens fait souvent une diférence dans le partage des successions. Les aînez prenent dans les Fiefs par forme de préciput une portion plus considerable que les puinez. Si l'on ne convient point qu'une terre soit en Fief, la preuve de la féodalité doit se faire par écrit, soit en raportant le titre de concession, soit en produisant les aveus & dénombremens que les anciens Vassaux ont été obligez de fournir aux Seigneurs.

Coût de Paris ar. 15. 16. 17.

M. Boic. trait. de la preuv. par tém. p. 1. c. 17.

Coût. de Paris art. 8.

I I I.

La Loy affecte les propres à la ligne dont ils procedent; & les testateurs mêmes n'en peuvent disposer qu'avec certaines limitations réglées par les coûtumes. Lorsqu'il ne paroit pas que des héritages soient propres, ils sont présumez être des aquêts du défunt, mais il n'est pas nécessaire, pour detruire cette présomption de la Loy, de se servir d'une preuve litterale; on peut prouver par témoins qu'il y a eu une possession continuée entre le défunt & son prédécesseur.

Renusson trai. des propres ch. 1. sect. 2.

Renusson trai. des propr. sect. 4. le Brun des succés. liv. 2. c. 1. n. 2.

I V.

Il y a des propres fictifs; mais comme la fiction est contraire à la verité, & qu'elle ne peut s'établir que dans un contrat de mariage, ou par une convention expresse, ou par une destination spéciale équivalente à la convention, il faut en raporter une preuve litterale.

M Danty dans ses add. c. 17. n. 5.

Coût. de Paris a. 93. Orl. 350.

V.

Quand on demande le partage ou la restitution des fruits, on peut fonder sa demande sur la preuve par témoins.

V I.

La preuve par témoins doit être admise lorsque des cohéritiers ou des coproprietaires prétendent qu'ils ont fait faire des réparations nécessaires pour conserver les biens communs. On ne peut pas dire dans cette circonstance qu'ils devoient se procurer une preuve par témoins, en prenant des quittances des Ouvriers. Car ces Ouvriers sont des étrangers dont les dépositions doivent être d'une foible autorité, quand elles ne sont point faites à la Justice, ni précedées du serment de dire la verité.

M. Danty dans ses add. sur le com. de M. Boic. p. 1. c. 10. n. 11.

V I I.

Si l'un des coproprietaires demande le partage de la chose commune, & que les autres soutiennent qu'elle ne peut pas être possédée séparement, le Juge doit ordonner que les lieux seront visitez par des experts dont les parties conviendront, ou qui seront par lui nommez d'office; & après l'enterrinement de leur raport, si la chose commune ne peut pas être divisée, il ordonne qu'elle sera venduë par licitation.

L. 3. cod. com. div. l. 55. dig. fam. ercis.

SECTION II.

DES ACTIONS POSSESSOIRES.

Les actions possessoires ne regardent point la propriété, mais seulement la possession.

Il y a plusieurs sortes de possessions. La possession naturelle, la possession civile, la possession naturelle & civile en même tems, & la possession feinte.

La possession naturelle est la joüissance actuelle d'un héritage; ainsi les Fermiers ont la possession naturelle des héritages qu'ils cultivent.

La possession civile est celle que nous conservons par la joüissance des autres.

La possession naturelle & civile, est la joüissance actuelle d'un héritage en qualité de propriétaire.

La possession feinte est une fiction de la Loy qui supose qu'une personne posséde une chose dont elle n'est pas en possession.

Il y a deux sortes d'actions possessoires; la complainte & la réintegrande. Dans la premiere le Possesseur demande à être maintenu dans sa possession, & qu'il soit fait défenses de l'y troubler à l'avenir. Dans l'autre il conclu à y être rétabli. La premiere se nommoit dans le Droit Romain, *interdictum uti possidetis*, on apelloit la seconde *interdictum unde vi.*

Inst. §. 4. & 6. de interd.

Ord. de 1453. Ord. de 1667. ti. 18. a. 4. & 5. Inst. §. 4. de interd. l. 1. §. 3. dig. uti poss.

Dans la complainte & dans la reintégrande, les parties ne doivent point cumuler le pétitoire avec le possessoire. Il faut qu'elles se bornent à prouver le fait de leur possession, sans entrer dans la discussion du droit qu'elles peuvent avoir sur les héritages contentieux. Il est de l'intérêt de l'une des deux parties qu'on reconnoisse sa possession, puisqu'elle doit y être maintenuë, jusqu'à ce que l'autre partie ait justifié qu'elle est propriétaire.

ARTICLE PREMIER.

Ord. de 1667. tit. 18. art. 1. L. 1. §. 3. dig. de acq. v. ret. poss.

Dans la complainte le demandeur doit prouver qu'il a posséde pendant une année complette à compter du jour du trouble en rétrogradant. La possession est un fait dont les Juges, ne peuvent pas refuser la preuve par témoins : car on poséde quelquefois sans titres, & la possession doit être distinguée du droit de posséder.

II.

La preuve par témoins est la seule qu'on puisse admettre pour prouver les voyes de fait dont on s'est servi pour empêcher un possesseur de joüir de son héritage, ou pour le dépoüiller de sa possession. Car ce trouble est une violence dont il n'est pas possible de raporter une preuve par écrit.

III.

Cout. d'Orl. ar. 488.

Il y a une autre espéce de trouble, qu'on nomme trouble de droit : c'est une demande ou une oposition judiciaire qui tend à priver le possesseur de sa joüissance. Ce trouble ne peut se vérifier qu'en produisant l'acte même par lequel il est fait.

IV.

Ordonnances de 1453. 1493 1535. ch. 9. & 1539.

On distingue deux sortes de complaintes, la complainte profane & la complainte béneficiale. Celle-cy est une action par laquelle un Ecclesiastique se plaint d'avoir été troublé dans les fonctions d'un bénéfice dont il étoit en possession. La preuve par témoins ne suffit pas dans les complaintes bénéficiales pour prouver la possession ; il faut raporter un titre au moins coloré qui l'établisse. Car les Ecclesiastiques ne peuvent posséder des bénéfices qu'en vertu d'un titre légitime ; & c'est par cette raison qu'il n'est pas permis de retourner au pétitoire, quand le possessoire est jugé.

SECTION III.

DES ACTIONS PETITOIRES.

LES actions pétitoires sont celles dans lesquelles on demande la propriété d'une chose à celui qui en est en possession & qui prétend aussi en avoir la propriété.

Il y a trois sortes d'actions pétitoires ; la revendication, l'action hypotéquaire,

quaire, & l'action personnelle réelle. Dans la premiere nous demandons qu'un possesseur soit tenu de nous délaisser la chose qui fait l'objet de notre demande, parce que nous en sommes véritables propriétaires. Dans l'action hypotéquaire on conclut à ce que le possesseur soit condamné à nous délaisser un héritage parce qu'il nous est hypotéqué pour sûreté d'une dette, & que nous avons droit de nous le faire rendre faute de payement. Enfin lorsque nous reclamons une chose qu'un possesseur est obligé de nous abandonner, parce que nous avons droit de la reprendre, soit en vertu de la Loy, soit en vertu d'une ancienne convention, soit par la voye de la restitution contre le titre par lequel nous l'avons aliénée, ou par la revocation de l'aliénation faite en fraude des créancies, c'est l'action personnelle réelle. Comme l'action hypotéquaire & l'action personnelle réelle sont des suites naturelles des engagemens, nous n'en parlerons que dans le chapitre des actions personnelles. *L. 18. § 2. Digest. de Pig. act.* *Personalis in rem scripta.*

Pour être en droit de revendiquer une chose, il faut en être propriétaire. La propriété s'aquiert ou par l'éfet du droit naturel, ou par l'autorité de la Loy civile. Il y a trois maniéres d'aquerir la propriété par le droit naturel; l'occupation, l'accession, & la translation que fait le propriétaire de ses droits par son consentement. On aquiert la propriété par l'autorité de la Loy, soit à titre singulier, soit à titre universel; à titre singulier par la prescription; à titre universel par la successions légitimes ou testamentaires. *Voyez Grotius, Puffendorf, & Berbeyrac.*

Article Premier.

La preuve par témoins doit être admise pour prouver l'occupation & l'accession: mais il faut remarquer que l'occupation n'est point en France un moyen légitime d'aquerir la propriété. Un usage presqu'aussi ancien que la Monarchie, a établi que les choses sur lesquelles personne n'auroit aucun droit, apartiendroient au Roy par le titre de sa Couronne, & fairoient partie de son Domaine. Cependant comme les Rois n'ont point d'empire sur la Mer, l'Ordonnance de la Marine porte que la pêche sur la mer est permise à tous les Sujets du Roy; & par une suite du même principe toutes les choses trouvées dans la mer, comme l'Ambre & le Corail, apartiennent en entier à l'inventeur: mais de celles qui sont trouvées sur le rivage, l'inventeur n'en a qu'un tiers, l'autre tiers est au Roy, & le dernier tiers à l'Amiral.

II.

Nous verrons dans le chapitre suivant qu'il n'est pas permis de prouver par témoins les conventions qui sont les titres en vertu desquels le propriétaire transfere ses droits de propriété. Les Loix civiles veulent que la tradiction suive le consentement pour que la propriété soit transferée à l'aquéreur; mais elles autorisent des tradictions feintes dont on ne doit pas recevoir la preuve par témoins, quand il s'agit d'un immeuble.

III.

On aquiert par la prescription quand on a posédé publiquement & sans interruption pendant un tems déterminé par la Loy. La preuve de la posses- *L. 6. l. 7. Dig. de usurp. & us. L. 15. Dig. de div. temp præs.*

sion peut se faire par témoins; mais il faut prouver qu'on a possédé en qualité de propriétaire. Car les fermiers, les emphytéotes, les dépositaires, les usufruitiers, les possesseurs précaires, les Seigneurs dominans qui ne jouissent qu'en vertu d'une Saisie Féodale, ne peuvent point aquérir par la prescription. Leur possession conserve le droit du propriétaire, puisqu'elle en est une reconnoissance.

D'Argentré des Approp. a. 266.
V. les n. not. sur la C. d'Orl. art. 261. n. 1.

IV.

Si l'on prétend avoir prescrit par le laps de dix années entre présens, ou de vingt années entre absens, il ne sufit pas de prouver par témoins qu'on a possédé; il faut encore prouver par écrit qu'on ne s'est mis en possession qu'en vertu d'un titre légitime.

Tot. tit. Cod. de Præsc. long. temp. N. 119. Cap. 7.

V.

Pour aquérir par la prescription, il faut avoir possédé sans interruption; & celui qui prétend être propriétaire peut prouver par écrit qu'il a fait assigner le possesseur à lui délaisser l'héritage qu'il dit avoir aquis par la prescription. Mais un simple adjournement n'interromperoit point la prescription s'il avoit été périmé par une cessation de procédures pendant l'espace de trois années.

Arrêté du 28. Mars 1692. Edit de Roussil. art 13.

VI.

Les successions dans les pays Coûtumiers sont toujours déférées par la loy municipale selon l'ordre du sang & de la parenté. Comme la parenté dépend de la naissance, on ne peut pas se servir de la preuve par témoins pour établir sa qualité d'héritier légitime.

Poquet de Livoniere, des Succes. Reg. 1.

VII.

Ceux qui ont été complices de la mort d'un de leurs parens, n'en peuvent point être héritiers. La Loy prive même de la Succession d'un défunt, celui qui a négligé d'en venger la mort, à moins qu'il ne prouve, soit par titres, soit par témoins, qu'il avoit des raisons légitimes pour n'en point poursuivre la vengeance.

Louet & Brod. L. C. ch. 25. L. H. ch. 5. L. S. ch. 20. Journal d. Aud. tom. 1 l. 2. ch. 81. t. 2. l. 2. ch. 27.

VIII.

Quoique le plus proche parent d'un défunt, habile à lui succéder, soit saisi de plein droit des biens de la succession, il n'est cependant obligé d'en aquitter les dettes que lorsqu'il s'est porté lui-même héritier, ou que les créanciers peuvent prouver, soit par écrit, soit par témoins, qu'il s'est immiscé dans les biens de la succession. Mais quand l'héritier prétend qu'il n'en est pas tenu indéfiniment, il doit prouver par écrit qu'il a pris la précaution d'accepter la succession sous bénéfice d'inventaire. Ce bénéfice empêche la confusion des actions & des créances qui se fait en la personne de l'héritier pure & simple.

Cout. de Paris. art. 318.
Art. 316.
Art. 317.
Le Brun, des Succ. l. 3. c. 4.

IX.

Dans les pays de Droit Ecrit on distingue les successions testamentaires des successions légitimes; & l'institution d'héritier, qui dans les Coûtumes n'a que la force de legs universel, fait passer les biens de la succession à l'héritier nommé par le Testateur. Quoiqu'il en soit, dans les Païs coûtumiers & dans les Provinces qui se régissent par le droit écrit il n'est pas permis aux Juges d'admettre la preuve par témoins d'aucunes dispositions testamentaires, soit qu'un héritier institué demande les biens d'une succession, soit que des parens en ligne collatérale, quoique plus éloignez en degré que ceux à qui la Loy défere la succession, prétendent la partager, parce qu'ils ont été rapellez par quelqu'acte de derniére volonté, soit que des Légataires forment leur demande en délivrance de legs, ou qu'un héritier substitué demande après l'ouverture de la substitution les biens grevez de fideicommis ; il faut dans tous ces cas raporter le testament. Il ne suffiroit pas de produire des actes dans lesquels il seroit énoncé.

Paris 295. Orleans 287.

Ord. de 1735. art. 1.

Peleus Quest. 63.

X.

Les Novices qui sont sur le point d'abandonner leurs biens pour vivre dans l'exercice des conseils Evangéliques, peuvent en disposer par testament; mais ils sont obligez de satisfaire à l'article XXI. de l'Ordonnance de 1735. Les Légataires ne seroient pas reçûs à prouver par témoins que le testament auroit précédé la profession des vœux.

X I.

Quand il s'agit de prouver que des legs faits à des personnes capables sont des fideicommis qui doivent retourner à des personnes prohibées, la preuve par témoins peut être admise, s'il y a des présomptions de fraude, ou des commencemens de preuve par écrit.

M Danty dan ses add. par. 1 c. 16. n. 121.

X I I.

Il faut qu'un Testateur soit sain d'entendement. Une personne qui ne seroit point interdite, ne pourroit tester, si elle n'avoit pas l'usage de la raison : au contraire un interdit peut disposer de ses biens dans les intervalles de raison que sa demence lui laisse, ou lorsqu'il a entiérement recouvré la liberté de l'esprit, quoiqu'il n'ait point encore été rélevé de son interdiction. Mais alors c'est au Légataire à prouver par témoins que le Testateur étoit dans cette situation d'esprit ; la présomption est contre lui, au lieu qu'elle seroit contre l'héritier, si le Testateur n'étoit point interdit.

Paris 292.

L. 9. Dig. qui test fac. inst. §. 1. quib. non est perm. fac. test.

Voy. les nouv. not. sur la coût. d'Orl. ar. 292. n. 1.

X I I I.

Les héritiers peuvent prouver par témoins la démence d'un Testateur, quoique les Notaires ayent déclaré dans le Testament, qu'ils ont trouvé le malade sain d'entendement. Cette preuve ne pourroit pas leur être refusée quand le testament ne contiendroit que des dispositions sages. La raison de cette Jurisprudence est 1°. que les Notaires n'ont point été apellez pour être les Juges de la santé de l'esprit, mais pour recevoir les dispositions du Testateur ; 2°. Qu'un insensé peut raisonner juste sans le sçavoir, & par une certaine habitude de parler passablement des choses qui ne sont pas l'objet de sa folie.

Bald. ad leg. 2. cod. de testam. Carondas, art. 295. de la coût. de Paris.

M. Danty dans ses ad. p. 1. c. 16. n. 30.

XIV.

Ulp. in frag. Quint. declam. 380. Delhom. l. 3. max. 37. Dumoulin sur l'art. 68. de la coût. de Sens. d'Argentré sur la coût. de Bretag. art. 570.

Les Ordonnances ont prescrit plusieurs formalitez nécessaires pour la validité des testamens. Ces formalitez sont de droit public & par conséquent indispensables. Il n'est pas permis de prouver par témoins que celles qui paroissent avoir été obmises, ont été néanmoins observées, parce que les testamens sont des actes indivisibles qui doivent faire foy par eux-mêmes sans le secours d'une preuve étrangére.

XV.

Les testamens ne deviennent irrévocables que par les décès des Testateurs. Une personne jusqu'à sa mort peut changer de volonté ou l'expliquer plus clairement. Ainsi lorsqu'un Testateur reconnoit dans son testament devoir une somme de trois mille livres, on ne peut point agir contre lui pour se faire payer de cette somme, si l'on n'a que le testament pour prouver sa créance. 1°. parce que cette reconnoissance étant faite dans un testament, elle est de la même nature du testament, & ne doit point avoir de force, lorsque le testament n'en a pas lui-même. 2°. Le Testateur peut expliquer sa volonté & dire qu'il avoit prétexté une dette aparente pour colorer sa libéralité. Le prétendu créancier n'ayant pour lui que la confession du Testateur, il faudra qu'il la reçoive, ou qu'il la rejette en entier. Mais si le testament ne fait pas une preuve suffisante, il forme du moins un commencement de preuve par écrit, qui peut faire admettre la preuve par témoins.

Chénu sur Papon liv. 9. tit. des preuv.

XVI.

On peut prouver par témoins qu'un testament est l'ouvrage de la passion, ou que le Testateur a été séduit, & qu'on s'est servi d'artifices criminelles pour l'engager à disposer de ses biens au préjudice de ces présomptifs héritiers

XVII.

Jour. des aud. t. 2. l. 7. c. 8. Journ. du Pal. t. 1. pag. 76. & 172.

La revocation d'un testament ne peut pas se prouver par témoins, il faut prouver par écrit que le Testateur a changé de volonté.

XVIII.

Chopin, l. 2. t. 4. n. 5. Cambolas c. 41. Fevret de l'abus, l. 7. c. 12. n. 28. Danty dans ses ad. p. 1. c. 16. n. 68.

Les Légataires ne peuvent pas prouver par témoins qu'un testament a été déposé entre les mains d'un particulier; car l'Ordonnance de 1667. défend d'admettre la preuve par témoins des dépôts volontaires. Mais les Juges doivent les admettre à prouver par témoins que le testament a été suprimé par les héritiers, quand ils articulent des faits précis de supression, & qu'ils se soumettent à prouver la teneur du testament, sans quoi le fait de la suppression demeureroit inutile. Le Grand sur la coûtume de Troyes tit. 8. art. 168. prétend que dans cette circonstance les témoins doivent déposer que les formalitez des testamens étoient observées; mais ce sentiment est contrédit par un Arrêt raporté au Journal des Audiences liv. 8. ch. 12. n. 28.

XIX.

On ne peut pas refuser la preuve par témoins quand une personne demande à prouver que des héritiers ont empêché un defunt de tester en sa faveur. Cependant parce qu'on s'exposeroit à éluder l'Ordonnance, si l'on recevoit facilement une pareille preuve, il faut pour qu'on puisse l'admettre que le fait soit bien circonstancié, & qu'il ne soit pas allegué long tems après le décès. Mais si le défunt n'ayant pû faire un testament par écrit, en avoit fait un nuncupatif devant plusieurs personnes, la preuve par témoins pourroit-elle être admise pour faire valider ses dispositions verbales ? M. Danty raporte plusieurs Arrêts qui l'ont préjugé. Cependant comme ces Arrêts sont anterieurs à l'Ordonnance de 1735. qui déclare nuls les testamens nuncupatifs, & qui défend aux Juges de recevoir la preuve par témoins d'aucunes dispositions testamentaires, il faut décider que cette preuve n'auroit d'autre éfet que de faire adjuger aux Légataires des dommages & interêts qui seroient arbitrez par le Juge.

M. Danty dans ses ad. sur le com. de M. Boic. p. 1. c. 16. n. 111.

X X.

Les Peres peuvent exhéréder leurs enfans, mais ils ne peuvent le faire que pour des causes légitimes. Les exhérédations ne sont point arbitraires & les enfans peuvent faire casser le testament comme inofficieux, si le motif pour lequel ils ont été exhéredez, n'est pas reconnu pour juste par la loi. La cause de l'exhérédation doit être exprimée dans le testament, & il faut que l'héritier prouve, soit par témoins, soit par écrit, que cette cause est véritable.

Nov. 115. c. 3. Or. de 1556. de 1639. a. 2. de 1697. a. 6. Ricard des donat. p. 3. ch. 8. L. 5. §. 1. dig. l. 28. cod. Vinn. ad tit. inst. de inoff. testam.

X X I.

L'Enfant exhérédé doit prouver par écrit que l'exhérédation a été revoquée ; lorsqu'il soûtient qu'il y a des Actes d'une volonté contraire : mais on ne peut pas lui refuser la preuve par témoins, quand il demande à prouver que son pere lui a donné des témoignages d'amitié & de bienveillance d'où l'on peut inferer la révocation. Les Juges ne doivent pas confondre la réconciliation parfaite avec le simple pardon que le pere doit accorder à son Fils, pour satisfaire aux devoirs du Christianisme.

Poquet de Livon. tit. des exhered. reg. 9.

SECTION IV.

DES DROITS RÉELS.

Un droit réel est le droit de jouir d'un héritage à certains égards, & d'en tirer une utilité bornée à des usages particuliers, sans le posséder au surplus, ni pouvoir en disposer.

Les differentes espéces de droits réels sont l'usufruit, les droits d'usage & d'habitation, l'Emphyteose, les Fiefs, le Cens, le Champart ou Terrage, les Rentes foncieres & les servitudes.

L'usufruit est le droit de jouir d'un héritage dont on n'a pas la propriété.

L. 1. dig de usuf.

L'usufruit ne peut se céder ni se retenir à perpetuité, car la propriété est le droit de jouir, & ce n'est que par la possession qu'on peut user du droit de propriété

L. 8. cod. de acq. & ret. pos.

L'usage & l'habitation sont des droits différens de l'usufruit, en ce que l'usufruitier jouit d'une maison en entier, ou recueille tous les fruits que produit un héritage ; mais l'Usager n'a que le droit de prendre sur les fruits la portion qu'il peut en consumer, & celui qui n'a que le droit d'habitation, a sa jouissance bornée à ce qui lui est nécessaire pour se loger commodement, ou à ce qui se trouve réglé par son titre.

Inst. §. 1. de us. & hab. *L. 2. dig. eod.*

L'Emphytéose est le droit d'exiger certaines redevances annuelles qu'on s'est reservé en aliénant la propriété utile d'un héritage.

Les Fiefs sont de concessions faites à perpetuité de la propriété utile d'un héritage ou d'un droit immobilier, à la charge de la fidélité & des autres droits que le Seigneur rétient en reconnoissance de la Seigneurie directe qu'il se reserve.

Salvaing, de l'usage des fiefs c. 72. Coquille, Quest. 267.

Le Cens est une redevance annuelle que les propriétaires doivent payer en reconnoissance de la Seigneurie directe reservée pat le Bailleur originaire.

Le Champart ou Terrage est le droit de percevoir une certaine quotité des fruits qui se recueillent sur les héritages qui y sont sujets, comme la dixiéme, la huitiéme, la sixiéme gerbe, &c. Si les héritages ne sont point chargez de Cens, le Champart en tient lieu, & doit être regardé comme un droit Seigneurial, quoique les Seigneurs ne puissent rien exiger des propriétaires, quand les propriétaires ne font point usage de leur possession.

V. les nouv. net. sur la coût. d'Orl. a. 143. *Coût. d'Etampes art. 59.*

Les Rentes fonciéres sont des redevances imposées sur des héritages. Elles consistent, ou en une certaine quantité de fruits, comme en un muid de blé, ou en une somme d'argent qui n'est proprement que l'apréciation des fruits.

On entend par servitudes le droit d'user d'un héritage, ou d'empêcher un propriétaire d'en user à certains égards.

ARTICLE PREMIER.

L'Usufruit & les droits d'usage ou d'habitation s'établissent par la volonté du propriétaire, soit que cette volonté ait besoin d'être acceptée comme dans les conventions, soit qu'elle ait seule le pouvoir de constituer ces droits réels, comme dans les testamens. Nous avons vû dans la Section précédente qu'il n'étoit pas permis aux Juges de recevoir la preuve par témoins d'aucunes dispositions testamentaires. Nous ferons voir dans le Chapitre suivant que l'on ne pourroit point se servir de la preuve testimoniale pour prouver qu'un propriétaire auroit cédé par quelque convention, la jouissance de ses héritages.

Inst. §. 1. l. 4. cod. de usuf.

II.

L'Usufruit s'établit quelquefois par la seule autorité de la Loi. Ainsi la Loi donne quelquefois au survivant du Pere ou de la Mere l'usufruit de la totalité des biens qui se trouvent dans la succession du prédécedé, & les

Paris a. 265. Orl. art. 178.

enfans n'en ont que la propriété. C'eſt cette eſpéce d'uſufruit que les coûtumes apellent la garde-noble. Lorſqu'un Pere ou une Mere prétendent avoir la garde-noble de leurs enfans Mineurs, ils doivent prouver leur nobleſſe & celle de leurs enfans. Cette preuve ne peut ſe faire que par écrit, comme nous l'avons expliqué dans la Section II. du Chapitre I.

III.

On ne peut pas prouver par témoins que la garde eſt finie, quand on ſoutient qu'elle eſt éteinte, ou parce que le gardien a contracté un ſecond mariage, ou parce que les Mineurs ont atteint l'âge de vingt ans, ſi ce ſont de mâles, ou de quinze ans, ſi ce ſont des filles. Mais comme la garde finit encore par la négligence du gardien, on peut prouver par témoins qu'il laiſſe tomber en ruine, ou qu'il endommage les héritages de ſes Mineurs, afin de le priver d'un avantage que la Loi ne lui accordoit qu'à condition qu'il veilleroit avec ſoin aux interêts de ſes Pupiles,

Paris a. 268. Loyſel l. 1. tit. 4. reg. 22.

IV.

La Loi donne aux Veuves l'uſufruit de la moitié des héritages que les Maris poſſedoient au tems de leurs mariages, ou qui leur ſont échûs depuis en ligne directe. C'eſt cet avantage qu'on nomme douaire coûtumier. Quand le mariage étoit nul, ſoit dans l'ordre de la nature, ſoit dans l'ordre des Loix politiques, le douaire n'eſt point dû. On peut voir dans la Section III. du chapitre I. qu'elles ſont les circonſtances dans leſquelles on peut prouver par témoins la nullité d'un mariage.

Paris a. 248. Orl. 218. Inſt. §. 12. de nupt. Renuſſon, tr. du douaire. Arrêtez de la Moignon tit du douaire a. 22.

V.

Les Veuves ſons privées de leur doüaire quand elles en abuſent, & qu'elles commettent des dégradations; ou lorſqu'elles ont abandonné leurs maris, ſoit par un eſprit d'indépendance & de légéreté, ſoit par des vûës plus criminelles encore. La Loy prive auſſi de leur doüaire les femmes convaincuës d'adultére: mais les héritiers ne peuvent point opoſer le crime d'adultére, ſi l'action n'a point été intentée par le mari. Enfin les femmes qui vivent impudiquement pendant l'année de leur deüil, perdent les avantages qui leurs étoient accordez par la Loy. Dans tous ces cas on peut avoir recours à la preuve par témoins. Elle eſt même preſque toujours la ſeule dont les Juges puiſſent ſe ſervir pour parvenir à connoître la vérité.

Poquet tit. du douaire reg. 8. Arrêtez de la Moign. tit. du douaire n. 42. Coquille Queſt. 147. Arrêtez de la Moignon ibid. n. 45.

VI.

L'emphytéoſe & les rentes foncières doivent néceſſairement ſe prouver par écrit. Car elles s'établiſſent par des conventions dont la preuve par témoins n'eſt pas admiſſible.

VII.

Nous avons dit dans la Section I. de ce chapitre, que la preuve de la féodalité devoit ſe faire par écrit, ſoit en raportant le titre de conceſſion, ſoit en produiſant les Aveus & Dénombremens que les anciens Vaſſaux ont été obligez de fournir aux Seigneurs.

VIII.

Troyes, Chaumont, Vitri, auxerre. Niv. Paris, Orl. &c. M. Danty, part. 1. c. 17. n. 10.

Il y a des coûtumes dans lesquelles toutes les terres sont présumées allodiales si l'on ne prouve le contraire : Dans les autres on ne reconnoît nulle terre sans Seigneur, & il n'y a point de franc-aleu sans titre. Ces présomptions diferentes se trouvant établies par les coûtumes qui sont des espéces de Contrats publics entre les habitans d'une Province, on doit les regarder comme des preuves litérales contre lesquelles la preuve par témoins ne doit point être admise.

IX.

Paris 186. Anjou 449.

On distingue deux sortes de servitudes, les servitudes urbaines & les servitudes rurales. Dans la coûtume de Paris on ne reconnoit nulles servitudes sans titres. Dans la coûtume d'Anjou les servitudes rurales s'aquierent par la prescription ; & il suffit de prouver par témoins qu'on est en possession d'une telle servitude pour être maintenu dans cette possession.

X.

Arrêtez de la Moign. tit. des serv. n. 10. V. les nouv. not. sur la coût. d'Orl. a. 269.

On peut prouver par témoins que des heritages ne sont plus sujets à des servitudes. Car on prescrit par le laps de trente années la liberté ou l'exemption des servitudes, quand ces servitudes ne consisteroient même que dans une pure faculté. Car cette maxime que ce qui est de pure faculté n'est point sujet à prescription doit être limitée aux choses que nous avons la faculté de faire, soit par la liberté naturelle, soit par une disposition generale du droit public.

XI.

Loys. l. 2. t. 3. reg. 12. le Pr. cent. 2. c. 63. Paris 216. Voy. les nouv. not. sur la coût. d'Orl. a. 228.

Dans la plûpart des coûtumes la destination d'un Pére de Famille suffit pour établir une servitude. Il en étoit de même dans la coûtume de Paris avant la derniere reformation de l'an 1580 : mais il faut aujourd'huy que la destination soit par écrit. La preuve testimoniale est trop dangereuse pour l'autoriser lorsqu'il s'agit d'imposer des servitudes, & le raport des experts, étant conjectural, n'a pas moins d'inconveniens.

XII.

V. la nouv. prat. de M. Lange l. 3. ch. 3.

Si des cohéritiers stipulent dans un acte de partage que chacun d'eux joüira des choses dans l'état où elles sont, cette clause n'établira point une servitude ; elle ne s'entendra que d'une joüissance conforme au droit commun.

CHAPITRE III.

DES ACTIONS PERSONNELLES.

TOutes les actions personnelles ont leur fondement dans trois régles primitives du droit naturel.

La prémiere, d'accomplir fidélement ses promesses.

La

La seconde, de ne point faire de mal, ni causer aucun dommage à personne.

La troisiéme, de procurer aux autres tout le bien qu'on peut leur faire sans s'incommoder soi-même.

Ces trois principes généraux donnent lieu à trois diférentes espéces d'actions personnelles. Les prémiéres sont celles par lesquelles on peut contraindre les contractans d'exécuter leurs conventions. On demande par les autres la réparation du dommage qu'on nous a causé injustement, soit de dessein prémédité, soit par l'éfet d'une simple faute. Enfin les dernieres naissent des obligations que forment l'équité naturelle, ou la Loy civile par le seul éfet des conjonctures où les hommes se trouvent placez les uns vis-à-vis des autres, sans qu'il y ait eu ni convention, ni délit.

SECTION I.

DES CONVENTIONS.

ON entend par convention, le concours de la volonté de deux, ou de plusieurs personnes qui se réunissent au même point, pour former ou détruire quelqu'engagement. *L. 1. §. 2. 3. D. de pact.*

Dans les Livres du Droit Romain, le mot de convention est un terme générique dont les Contrats ne sont qu'une espéce particuliere différente des simples conventions qui ne produisoient point d'actions, lorsqu'elles n'étoient pas revetuës des solennitez de la stipulation. Mais comme nous n'avons point adopté dans nos mœurs toutes les subtilitez du droit civil, nous ne mettons point de diférence entre les Contrats & les simples conventions, à moins que nous n'entendions par convention le consentement même des parties, & par Contrat l'acte de la convention destiné à en conserver la mémoire & la preuve. *D. L. 1. §. ult.*

Toutes les conventions sont, ou gratuites, ou onéreuses. Elles sont gratuites, quand une personne donne ou promet de donner par un motif de libéralité, & qu'une autre ne fait qu'accepter, comme dans les donations. *L. 1. 3. 5. D. de donat.*

Les conventions onéreuses sont celles dans lesquelles le fait ou l'obligation de l'une des parties donne lieu à l'obligation de l'autre. Ces conventions sont, ou réelles, ou consensuelles: Celles-cy se contractent par le consentement réciproque; telles sont la vente, l'échange, le loüage, la procuration & la société. Dans les autres l'engagement ne se forme que par la prestation de la chose qui fait l'objet de la convention. Les conventions réelles sont le prêt, la rente constituée, le dépôt, la lettre de change & la plûpart des contrats aléatoires. *L. 5. D. de præsc. verb. L. 4. Dig. de O. & A. l. 2. §. 1. l. 48. l. 52. §. 9. eod. Inst. quib. mod. ne contr. ob.*

Les conventions envisagées sous un autre point de vûë, sont, ou principales & déterminées par elles-mêmes, ou elles sont accessoires à des conventions principales. Les conventions principales sont toutes celles que nous venons de nommer. Les accessoires sont le cautionnement, la solidité, le gage & l'hypotéque.

ARTICLE PREMIER.

Poquet de liv. des obl. reg. 2.

Il n'est pas permis aux Juges d'admettre la preuve par témoins d'aucunes conventions. Les parties doivent en raporter une preuve par écrit. Ce n'est pas cependant que les conventions verbales ne soient obligatoires quand les contractans sont d'assez bonne foy pour convenir de leurs engagemens. Les Ordonnances, en rejettant la preuve par témoins, n'ont point entendu gêner la liberté des conventions, mais punir la négligence de ceux qui ne prendroient pas un acte par écrit, en leur refusant une preuve trop propre à faire valoir des conventions imaginaires.

II.

Boic. p. 1. ch. 8.

Les ventes faites dans les Foires ou Marchez ne sont point privilégiées. Elles sont sujettes à la prohibition de l'Ordonnance.

III.

Les Marchands peuvent prouver par témoins les fournitures qu'ils ont fait pendant l'année, quand elles se trouvent inscrites dans un journal en bonne forme, bien réglé, bien suivi, conforme à la verité dans la plûpart de ses articles. Ce livre ne fait point une preuve parfaite, parce que personne ne peut se faire des titres à soi-même; mais il forme un commencement de preuve par écrit suffisant pour faire admettre la preuve par témoins.

IV.

Les particuliers peuvent prouver par témoins qu'ils ont payé les Marchandises dont on leur demande le prix, quoique le Marchand soit encore dans l'année de la fourniture, parce qu'il n'y a point de titres contr'eux, mais une simple présomption introduite par la Coûtume, présomption qui peut être fausse, & qui doit être entiérement détruite par l'autorité de la preuve testimoniale.

V.

Boic. p. 1. ch. 14. n. 2.

Le louage, comme toutes les autres conventions, doit être prouvé par écrit: mais quand un Locataire en vertu d'une convention verbale s'est mis en possession d'une maison, le propriétaire peut prouver par témoins que le Locataire habite la maison depuis tel tems, afin de le faire condamner comme injuste possesseur, à lui payer une somme qui sera réglée par le Juge pour l'indemniser des Loyers.

VI.

Boiceau p. 1. c. 12. n. 6.

Les Procureurs en titre d'office dans les Jurisdictions, ne sont pas obligez de raporter une procuration par écrit pour prouver qu'ils ont été constituez. L'exploit de demande, les titres propres à l'établir, & la présomption qui se tire de leur office, forment une preuve complette qu'ils ont été chargez des affaires dans lesquelles ils ont occupé. Mais ils s'exposent à être desavoüiez, lorsque sans une procuration spéciale, ils font des actes qui ne sont point du cours de la procédure ordinaire.

VII.

On ne peut pas prouver par témoins qu'on a revoqué un Procureur en titre d'office. Il faut lui faire signifier l'acte de sa revocation, & retirer de ses mains les piéces nécessaires pour l'instruction du procès. Il n'en est pas de même des autres mandataires : La preuve de leur revocation peut se faire par témoins, parce qu'il est de l'essence du mandât de pouvoir être resolu par le fait de l'un des contractans indépendamment du fait de l'autre, & souvent même sans qu'il soit possible de se procurer une preuve littérale.

VIII.

On doit admettre la preuve par témoins des dépôts nécessaires, c'est-à-dire, de ceux qu'on est obligé de faire en cas d'incendie, de ruine, de tumulte, de naufrage, ou d'autres accidens imprévûs, parce que la frayeur & les embarras que chaque instant redouble, ne laissent ni le tems, ni la liberté nécessaire pour prendre des actes par écrit. *Ord. de 1667. tit. 20. art. 3.*

IX.

L'Ordonnance de 1667. Titre 20. Article 4. Permet aux Juges d'admettre la preuve par témoins selon la qualité des personnes & les circonstances du fait, pour prouver les dépôts faits en logeant dans un Hôtellerie entre les mains de l'Hôte ou de l'Hôtesse; parce qu'on sçait que dans l'usage ordinaire de la vie, on ne prend pas des actes par écrit des dépôts faits en voyageant.

X.

Plusieurs Auteurs pensent que si la preuve par témoins des conventions réelles n'est point admissible, on peut du moins prouver par témoins la prestation de la chose qui fait l'objet de la convention. Mais c'est une subtilité dangereuse qu'on ne doit point adopter; car il n'est pas permis de contrevenir indirectement aux Ordonnannces. *D'Argentré sur l'a. 176 tit. 11. de la coût. de Bret. Boiceau p. 1. c. 9. n. 7. Danty c. 1. n. 3.*

XI.

Dans tous les Contrats nous distinguons deux sortes d'engagemens. Les uns sont arbitraires & doivent être exprimez dans l'acte de la convention : la preuve par témoins n'en doit point être reçuë. Les autres sont des suites, ou de l'équité naturelle, ou de la Loy civile. Il est inutile de raporter aucune preuve de ces engagemens. Car l'équité se fait connoître à tous les hommes, & comme les Juges sont instruits des Loix; les enquêtes par turbes ont été abrogées par le titre 13 de l'Ordonnance de 1667.

XII.

On peut prouver par témoins l'évenement des conditions qu'on met dans les Contrats, soit pour les resoudre lorsqu'elles seront arrivées, soit pour en suspendre l'éfet jusqu'à leur évenement. *L. 2. D. de add. in diem.*

XIII.

Il n'est pas nécessaire que toutes les conventions soient passées pardevant *Ordon. de*

Moulins a. 54. Ord. de 1667. tit. 20. art. 2. Notaires ; il suffit qu'il y ait des actes sous signature privée. Quand les signatures sont contestées, la preuve de leur verité doit se faire par la comparaison des écritures.

XIV.

La régle précédente souffre plusieurs exceptions 1°. Les sociétez qui se contractent entre Marchands, Négocians & Banquiers, doivent être conformes à l'Ordonnance de 1673. Titre 4. Articles 1. 2. 3. 4. 7. 8. Les Législateurs ont établi ces formalitez particulieres pour l'utilité du Commerce qui entretient la richesse & l'abondance dans le Royaume.

XV.

Ord. de 1731. a. 1. Ricard des donat. p. 1 ch. 3. sect. 16. 2°. Il faut raporter une preuve autentique des donations. Une des formalitez indispensables pour leur validité, est qu'elles ayent été passées pardevant Notaires. Envain voudroit-on déguiser les donations du nom d'un Contrat onéreux, comme elles n'en seroient pas moins des conventions gratuites, elles seroient sujettes à cette solennité.

XVI.

Ord. de 1539. art. 132. 133. décl. de 1547. Ord. de 1731. art. 1. Ord. de 1731. art. 27. On ne peut prouver l'acceptation du donataire que par une preuve autentique; car elle est une partie essentielle de la donation, & le consentement du donataire, soit qu'il accompagne celui du donateur, soit qu'il y soit posterieur, en est inséparable, & doit être établi par le même genre de preuve. Pour l'insinuation qui fait valoir la donation au profit du donataire contre les héritiers & les créanciers du donateur, elle ne peut être prouvée que par une expédition du greffe.

XVII.

Paris 277. Ricard des donat. c. 3. sec. 1. Ord. de 1731 art. 3. Les donations faites par des personnes malades d'une maladie qui a trait à la mort, sont regardées comme des donations testamentaires, quoiqu'elles soient stipulées entre vifs. Les héritiers des donateurs peuvent prouver par témoins la maladie, afin de faire déclarer nulles ces donations, si elles ne se trouvent point revêtuës des formalitez des testamens.

XVIII.

Ord de 1731. art. 34. Si les enfans se plaignent que les donations faites par leur Pére sont inofficieuses, ils doivent prouver par l'inventaire des biens de la succession, qu'elles absorbent leur légitime. Mais les Juges ne doivent revoquer que les dernieres donations, & les autres subsidiairement; car ce sont éfectivement les dernieres donations qui absorbent la portion que les enfans doivent avoir dans la succession de leur Pére.

XIX.

L. 8. l. ult. cod. de revoc. donat. Quoique les donations entre vifs soient irrevocables de leur nature, cependant elles peuvent être revoquées par la survenance des enfans aux donateurs, ou par l'ingratitude des donataires. Dans ces deux cas on peut se servir de la preuve par témoins ou de la preuve littérale selon les circonstances.

XX.

3°. L'Ordonnance de 1673. Titre 6. Article 8. défend de prêter sur gages, à moins qu'il n'y ait un acte pardevant Notaires, dont il doit rester minute, qui contienne la somme prêtée & les gages qui ont été delivrez; à peine de la restitution des gages, à laquelle le prêteur peut être contraint par corps, sans qu'il puisse prétendre de priviléges sur les choses qui lui auroient été données pour sûreté de sa créance.

XXI.

4°. L'hypotéque ne peut se prouver que par un acte autentique. Car elle ne s'aquiert point par la simple convention des parties. Il faut qu'il y ait un acte passé pardevant Notaires. Les promesses sous signature privée n'emportent hypotéque que du jour qu'elles sont reconnuës en Justice, ou du jour de la dénégation, si après la vérification, elles se trouvent véritables. L'hypotéque peut aussi s'aquerir sans convention. Les Jugemens des condamnations emportent hypotéque sur les biens du condamné du jour qu'ils ont été rendus, s'ils sont contradictoires, ou du jour de leur signification s'ils ont été rendus par défaut.

Ord. de 1539 art. 9.

Ord. de Moul. art. 53. déclar. de 1566. Ord. de 1667. tit. 5. art. 11.

XXII.

La Déclaration du 22. Septembre 1733. porte que les billets sous signature privée seront nuls, s'ils ne sont écrits & signez de la main des débiteurs, ou du moins si la somme portée dans lesdits billets n'est reconnuë par une aprobation écrite en toutes lettres de sa main; à l'exception des billets faits par les Banquiers, Négocians, Marchands, Manufacturiers, Artisans, Fermiers, Laboureurs, Vignerons, Manœuvriers, & autres de pareille qualité. Une exception si étenduë, en favorisant la liberté du commerce, resserre infiniment la sagesse & le fruit de cette Déclaration, destinée à arrêter la source de ces faussetez, qui intéresse d'autant plus la foy publique, qu'on employe pour les commettre des signatures véritables, surprises par artifice ou accordées par confiance.

XXIII.

Quoi qu'on ne puisse pas prouver par témoins les conventions, cependant lorsqu'elles sont contre les loix, ou contraires aux bonnes mœurs, la preuve par témoins en doit être reçûë. 1°. Parce que de pareilles conventions sont des contraventions aux Ordonnances dont la preuve par témoins ne peut jamais être refusée. 2°. Parce que les personnes intéressées à prouver ces conventions n'étant point celles qui ont contracté, on ne peut pas les obliger à raporter une preuve par écrit. 3°. Parce que la preuve par témoins n'est point admise dans ces circonstances pour faire valoir les conventions, mais pour en empêcher l'éfet.

XXIV.

On doit admettre la preuve par témoins pour prouver qu'un Acte est frauduleux. Ainsi lorsqu'un Seigneur veut faire un retrait féodal, ou exiger les droits de Lods & Ventes qui lui sont dûs, il peut prouver par témoins que l'acte est simulé, & que les parties ont déguisé la verité afin de préjudicier à ses droits.

Loüet & Brod. L. T. C. 7. le Prêtre cent 1. c. 60.

XXV.

Cap. Regimini extrav. de emp. & vend. Loiſ. de la diſtin. des rentes c. 6. du Moul. des contrats & uſures §. 81. & ſuiv.

Pour la validité de rentes conſtituées, il y a trois conditions eſſentielles ſuivant les conſtitutions des Papes Martin V. & Calixte III. qui les ont autoriſées. Premierement qu'il y ait une aliénation à perpetuité du ſort principal, & que le débiteur ne puiſſe être contraint au rembourſement, s'il n'eſt Stellionataire. Secondement que le principal de la rente ne ſoit point une ſomme dûë pour des interêts; car l'Anatociſme eſt défendu par toutes les Loix divines & humaines. Troiſiémement, que le montant de la rente conſtituée ne paſſe point le ſur de l'Ordonnance. La preuve par témoins eſt admiſſible même contre l'autorité du Contrat, lorſque le débiteur ſoutient que le créancier a pallié ſon uſure ſous l'aparence d'un contrat légitime.

XXVI.

Ord. de Moulins art. 59. decl. de 1629. art. 140.

On doit recevoir la preuve par témoins quand on demande à prouver que des billets cauſez pour valeur reçuë, ont été faits pour argent perdu au jeu. Car les Ordonnances veulent que de pareilles promeſſes ſoient déclarées nulles, & leurs diſpoſitions ſeroient inutiles, ſi l'on ne pouvoit point avoir recours à la preuve par témoins.

XXVII.

Danty dans ſes add. part. 1. c. 7. n. 57. 58.

Cependant comme il ſeroit trop dangereux de recevoir la preuve par témoins contre une preuve écrite, le Juge ne doit l'admettre que lorſqu'il y a des préſomptions de fraude. Ces préſomptions ſe tirent, 1°. de la qualité des perſonnes; 2°. De la qualité des conventions; 3°. De la qualité des choſes qui forment l'objet de la convention; 4°. Des clauſes inſolides ou équivoques; 5° Du tems auquel on a contracté. Il peut arriver que le concours de pluſieurs de ces préſomptions forme une preuve ſuffiſante, ſans qu'il ſoit beſoin d'admettre la preuve par témoins. La loi dans ces circonſtances abandonne le Juge à ſa prudence, c'eſt à lui à faire voir par ſon diſcernement, qu'il étoit digne d'une pareille confiance.

XXVIII.

Les perſonnes peuvent être incapables de s'engager, ou par la nature, ou par l'ordre des Loix. Les incapacitez civiles ne peuvent ſe prouver que par écrit. On peut prouver par témoins les incapacitez naturelles. Il faut pourtant en excepter la minorité, dont on doit reguliérement raporter une preuve autentique.

XXIX.

Lorſque des perſonnes incapables de s'engager ont emprunté des ſommes dont elles ont fait un emploi utile, on peut prouver par écrit cet emploi, afin de faire valider leurs engagemens. Si les ſommes avoient été empruntées par une femme ſans l'autorité de ſon mari, il faudroit prouver qu'elles ont été employées au profit de la Communauté.

SECTION II.

Des Crimes & des Quaſi-Délits.

LEs Crimes ſont des faits atroces dont il eſt de l'intérêt public qu'on pourſuive la vengeance, de crainte que l'eſpérance de l'impunité ne les rende plus fréquens. On donne encore le nom de Crimes aux Délits, dont les particuliers ont ſeuls le droit de ſe plaindre; comme le ſtellionat, les recelez, les injures, les libelles diffamatoires, &c.

Les Quaſi-Délits ſont des actions qni ne ſont ni entiérement criminelles ni tout-à-fait innocentes. Ceux qui ont agi ne doivent point être punis ſéverement, parce qu'ils n'ont pas fait le mal de deſſein prémédité; mais ils doivent réparer le dommage cauſé par leur imprudence.

Comme le droit de punir les crimes n'appartient qu'aux Rois, il n'y a que les Officiers publics qui puiſſent en pourſuivre la vengeance. Les Particuliers ne peuvent demander que des intérêts civils pour réparation du dommage qu'ils ont ſoufferts.

ARTICLE PREMIER.

Il eſt ſans difficulté que la preuve par témoins eſt admiſſible dans les matiéres criminelles. Les Juges doivent y faire uſage de toutes les diférentes eſpèces de preuves. Il arrive même trop ſouvent qu'ils ſont réduits à ſe ſervir de conjectures. Car lorſque les coupables n'ont point laiſſé contr'eux de preuve par écrit, & qu'ils ont commis le Crime dans les ténébres, n'ayant pour témoins que les complices de leurs forfaits, les Juges ſont obligez de tirer des conjectures des circonſtances que le hazard a fait naître, ou plûtôt que la Providence a ménagées pour les conduire à la vérité. *L. ult. Cod. de prob.*

II.

On doit recevoir la preuve par témoins pour prouver les Quaſi-Délits. Car les Crimes & les Quaſi-Délits ſe réglent par les mêmes Loix. *Boiceau p. 1. c. 10. n. 5.*

III.

Nous avons dit dans la premiere régle de cette Section, que la preuve conjecturale devoit être admiſe dans les matiéres criminelles; mais il faut obſerver, que, ſi les Juges peuvent en faire uſage pour parvenir à connoître la vérité, ils ne peuvent pas porter leur Jugement ſur cette preuve. Car il vaut mieux ſauver des coupables que de faire périr des innocens. „ Qu'un Juge, dit Charlemagne dans ſes Capitulaires, ne con„damne jamais qui que ce ſoit, ſans être sûr de la juſtice de ſon Juge„ment: Qu'il ne décide jamais de la vie des hommes par des préſomp„tions: Qu'il voye la preuve claire, & après cela qu'il juge. Ce n'eſt *L. 5. dig. de Pœn. Cap. Car. Mag. l. 7. c. 186.*

„ pas celui qui est accusé qu'il faut considérer comme coupable, c'est celui „ qui est convaincu. Il n'y a rien de si dangereux ni de si injuste au mon- „ de que de hazarder à juger sur des conjectures. Toutes ces sortes d'a- „ faires où la preuve consiste en indices & ne va qu'à former un doute, „ doivent être réservées au Souverain Jugement de Dieu, & les hommes „ doivent sçavoir que toutefois & quantes qu'il n'a pas voulu leur donner „ le parfait éclaircissement d'un crime, c'est une marque qu'il n'a pas voulu „ les en faire Juges, & qu'il en a réservé la décision à son Tribunal. „ *

* *Cette Traduction est de M. le Vayer : Elle se trouve à la fin de son Traité de la Preuve par comparaison d'écritures.*

SECTION III.

Des Conventions présumées par la Loy.

LEs Conventions présumées sont toutes les Obligations que forment l'équité naturelle ou la Loy civile par le seul éfet des conjonctures, où les hommes se trouvent placez les uns vis-à-vis des autres, sans qu'il y ait eu ni convention, ni délit. Ainsi les Tuteurs doivent prendre soin de la conduite & de l'administration des biens de leurs pupiles, parce que l'humanité & l'interêt de la société demandent qu'on n'abandonne point à eux mêmes des Mineurs sans expérience. Mais comme il seroit injuste que les soins que prennent les Tuteurs leur portassent préjudice, les Mineurs sont contraints de ratifier après leur majorité tout ce que les Tuteurs ont bien géré, & de leur allouer les dépenses qu'ils ont fait utilement. La Loy leur donne aux uns & aux autres des actions pour exercer leurs droits, quoi qu'il n'y ait point eu entr'eux de convention.

Inst. §. 1. l. 1. dig. de tutel.

L. 12. §. 1. dig. de adm. & per. tut. l. 1. §. 4. dig. de contr. tut. & ut. act.

2°. Les parties litigerantes semblent contracter en plaidant; & la Loy présume qu'elles s'obligent réciproquement à executer les Jugemens qui interviendront dans leur contestation. Ces Jugemens produisent la plus forte de toutes les obligations. Car quelqu'injustes qu'ils soient, on ne peut pas en éviter l'exécution, si l'on ne se pourvoit par les voyes de droit, c'est-à-dire, par apel contre les sentences, & par requête civile contre les Jugemens en dernier ressort; encore la requête civile n'en suspend-elle pas l'exécution.

M. Arg. inst. au dr. franç. t. 2. l. 3. c. 36.

3°. S'il arrive par quelqu'évenement qu'une personne ait entre les mains une chose qui apartienne à un autre, sa possession l'oblige à la restituer, & le propriétaire est tenu de l'indemniser des frais qu'il a fait pour la conserver. Ces engagemens réciproques se forment par l'équité naturelle, sans qu'il y ait de convention.

Domat. loix civ. 2. tit. 7.

4°. La nature invite les hommes à prendre soin des affaires d'une per-

sonne

sonne absente, & à veiller à ses intérêts avec toute l'exactitude possible; & l'équité oblige cet absent non seulement à des devoirs de reconnoissance, mais encore à indemniser ceux qui ont geré ses affaires des suites de leur administration. *L. 2. dig. de neg. gest.*

5°. Une autre espéce de convention présumée est l'addition d'hérédité. Les engagemens d'un héritier envers les créanciers & les légataires d'un défunt se forment sans convention, & par la seule autorité de la Loi. Si l'acceptation est pure & simple, l'héritier est tenu personnellement & indéfinement des dettes de la succession. S'il ne l'a acceptée que sous bénéfice d'inventaire, les créanciers ne peuvent agir que sur les biens de la succession; mais l'héritier est tenu personnellement de rendre compte, & les créanciers ont une hypothéque sur ses biens du jour de l'enterinement des lettres de bénéfice d'inventaire.

Enfin quand deux personnes posédent une chose par indivis, leur possession commune les oblige à divers engagemens qu'il est inutile d'expliquer icy. On peut voir ce que nous en avons dit dans le chapitre des actions réelles, en traitant des actions réelles mixtes.

ARTICLE PREMIER.

La tutelle est une charge publique qu'on ne peut pas donner à ceux qui sont incapables de l'exercer. Les incapacitez ont leur fondement, ou sur l'équité naturelle, ou sur la Loi. Les incapacitez naturelles sont la démence que les parties interessées peuvent toûjours prouver par témoins, & l'interdiction & la minorité dont on doit reguliérement raporter une preuve autentique. Les incapacitez civiles sont la profession solennelle des vœux de réligion dans un ordre aprouvé, & la condamnation capitale. Il est sans dificulté qu'on ne peut pas se servir de la preuve par témoins pour prouver ces incapacitez. Dans la rigueur du droit les femmes sont incapables d'être Tutrices: mais il arrive quelquefois que la Loi défére elle-même à la Mere la tutelle de ses enfans.

II.

Ceux qui ne sont point incapables d'exercer la tutelle ne peuvent pas la refuser, à moins qu'ils n'ayent des excuses légitimes. Ces excuses sont arbitraires dans la plûpart des Coûtumes, & c'est par les circonstances qu'on peut juger si la preuve par témoins est admissible pour faire décharger celui qu'on a nommé Tuteur. *Tot. tit. de excus. tut.*

III.

Lorsqu'un Tuteur est négligent, & que loin de veiller aux intérêts de ses pupilles, il en laisse dissiper les biens, les parens peuvent prouver par témoins sa négligence, & demander qu'il leur soit permis de s'assembler afin de nommer un nouveau Tuteur. *Tot. tit. dig. de susp. tut.*

IV.

Si le Tuteur a négligé de faire faire un inventaire des biens de ses pupilles, le Juge peut leur permettre de faire entendre des témoins qui déposeront que, suivant le bruit commun, le pére ou les autres parens auxquels ils ont succédé, avoient une telle quantité de biens; & sur cette information, il leur déférera le serment jusqu'à une certaine somme.

V.

Journ. des aud. tom. 3. l. 3. c. 18. Arrêtez de la Moign. des tut.a. 97. 101.

On donne six mois aux Tuteurs pour placer les deniers pupillaires; mais après ce tems ils en doivent eux-mêmes les intérêts, à moins qu'ils ne prouvent par écrit qu'ils ne leur a pas été possible d'en faire un emploi utile.

V I.

Daniy dans ses add. c. 10. n. 9.

Les Tuteurs & les Curateurs doivent prouver par écrit les avances & les débourſez qu'ils ont fait pour leurs mineurs. Cependant lorsque ces sommes sont peu considérables, on a coûtume de les en croire à leur affirmation.

V I I.

Les Jugemens ne se prouvent pas par témoins. Il faut en raporter une preuve autentique.

V I I I.

Quand une personne soutient avoir fait un payement par erreur, elle doit prouver le payement & l'erreur où elle étoit. Le payement ne peut se justifier que par écrit: mais la preuve par témoins de l'erreur est admissible selon les circonstances.

I X.

Une personne peut prouver par témoins que pendant son absence une autre personne a fait ses affaires, & qu'elle n'en a point eu tout le soin qu'elle devoit en avoir. Mais celui qui s'est immiscé à faire les affaires d'un autre, ne peut pas prouver par témoins les depenses qu'il dit avoir fait. Car si l'on admettoit cette preuve, ce seroit retomber dans les inconveniens que les Ordonnances de Moulins & de 1667. ont voulu prévoir.

X.

Cependant si celui qui a pris soin des affaires d'un autre pendant son absence, avoit tenu un régistre exact de recette & de dépense, ce régistre formeroit un commencement de preuve par écrit suffisant pour faire admettre la preuve par témoins.

Cette regle doit servir d'interprétation à l'Article VI. de la Section I. du chapitre 2. Nous avons parlé dans cet endroit des engagemens de ceux qui possédent une chose par indivis. On peut voir dans la Section 3. du même chapitre, ce que nous avons dit de l'addition d'hérédité.

SECTION IV.

Des moyens d'éteindre les Obligations.

IL y a trois moyens d'éteindre les obligations ; premierement en exécutant ses engagemens ; secondement en substituant un second engagement au lieu du premier, de sorte qu'il n'y ait plus que le second qui subsiste, & que le premier soit anéanti ; troisiémement en obtenant des lettres de rescision contre son obligation, & en faisant déclarer ses engagemens nuls. *Inst. quib. mod. toll. obl. dig. de in integ. restit.*

On exécute ses engagemens, quand on paye au Créancier ce qui lui est dû, ou si le Créancier ne veut pas, ou n'est pas en état de recevoir le payement, lorsqu'on fait ordonner en justice que la somme sera consignée entre les mains d'une personne publique. Cette consignation décharge le debiteur de ses engagemens. *L. 1. dig. de reb cred. l. 176. de V. S. L. 30. dig. de solut.*

Si les qualitez de Créancier & de débiteur concourent dans les mêmes personnes, il se fait de plein droit une compensation ou un aquittement réciproque, qui étint les obligations de part & d'autre. Il en est de même quand le Créancier succéde au débiteur, ou le débiteur au Créancier ; car personne ne peut être Créancier, ou débiteur de soi-même. *L. 1. l. 22. dig. de comp.* *L. 93. dig. de de solut.*

La prescription ne décharge point le débiteur de la nécessité d'accomplir ses engagemens : mais elle empêche que le Créancier puisse se servir des voyes de droit pour le contraindre d'y satisfaire.

Il y a deux maniéres de substituer un second engagement au lieu du premier, de sorte qu'il n'y ait que le second qui subsiste ; l'une sans aucun changement de personnes, en changeant seulement la nature de l'obligation. L'autre par un changement de débiteur, soit que la premiére obligation subsiste, & que le second débiteur s'en charge, soit qu'il en fasse une nouvelle. On apelle la premiére maniére novation, l'autre se nomme délégation. *Domat. loix civ. liv. 4. tit. 3.*

Quand on veut prouver la nullité de ses engagemens, si cette nullité n'est pas prononcée par les Ordonnances ou par la Loy municipale, il faut obtenir des Lettres de Chancellerie, qu'on apelle Lettres de rescision. On les accorde sans connoissance de cause, & c'est aux Juges à qui elles sont adressées à examiner si les causes pour lesquelles on les obtient, sont justes, & si elles sont véritables. *Rebuf. in const. reg. tract. de rest. in præf. n. 10. & gl. 1. n. 2.*

Les causes de rescision sont la violence, l'erreur, le dol personnel, la minorité & la lezion.

ARTICLE PREMIER.

Les payemens doivent se prouver par écrit. La preuve par témoins n'en est pas admissible, à moins qu'il n'y ait des commencemens de preuve par écrit. Il faut même que les présomptions qui se tirent d'un écrit, soient fortes.

& presque concluantes. Car on ne présume pas facilement qu'un débiteur a payé, lorsqu'il a laissé entre les mains de son Créancier un titre en vertu duquel on peut le contraindre de payer une seconde fois.

I I.

On ne doit pas admettre la preuve par témoins pour prouver qu'une somme a été consignée. Il faut 1°. raporter une Sentence qui ait permis de consigner ; 2°. faire voir la quittance du Receveur des consignations.

I I I.

La compensation se fait toûjours de plein droit ; & il suffit de prouver par écrit qu'en tel tems on étoit Créancier d'une telle personne, pour prouver que dès le même instant on a cessé d'être son débiteur d'une pareille somme.

I V.

Pour connoître quand une partie a prescrit contre son obligation, il faut voir la date du titre en vertu duquel l'autre partie forme sa demande. S'il s'est écoulé trente années depuis l'instant de l'obligation jusqu'au jour de la demande, la prescription est aquise, à moins qu'on ne prouve par écrit qu'il y ait eu quelqu'interruption.

V.

Comme les novations & les délégations sont de véritables conventions, la preuve par témoins n'en est pas admissible.

V I.

Tot. tit. de in int. rest. & tit. quod met. caus. gest. est. Boiceau p. 1. c. 7. n. 8.

1°. On peut obtenir des lettres de rescision quand on s'est engagé par crainte ou par erreur. Car l'erreur & la violence détruisent le consentement, & sans consentement il n'y a point de convention. La preuve par témoins doit être admise pour prouver l'erreur & la violence, mais il faut remarquer que l'erreur ne peut annuller les conventions, que lorsque la suposition contraire à la vérité a été attachée au traité, comme une condition sans laquelle on n'eut point contracté.

V I I.

Quoique celui contre lequel on demande la restitution n'ait fait aucune violence, cependant parce qu'il seroit injuste qu'il profitat du malheur des autres, les Juges ne peuvent pas refuser la preuve par témoins, quand on articule des faits précis, dont on demande à faire preuve dans le tems marqué par les Ordonnances.

VIII.

Tot. tit. dig. de min.

2°. Les Mineurs peuvent se faire restituer contre leurs engagemens ; & lorsqu'ils prouvent par écrit leur minorité, la loy sans autre preuve présume que ceux avec lesquels ils ont contracté, ont profité de leur foiblesse & de leur peu d'expérience.

I X.

Tot tit. dig. de dol. mal.

3°. Le dol personnel est une cause légitime de restitution. On ne doit pas douter que la preuve par témoins ne soit admissible pour prouver les voyes obliques & détournées dont on s'est servi pour nous engager à contracter contre nos intérêts.

X.

4°. Lorsqu'il se trouve dans un contrat de vente une lézion considérable, & que le vendeur a aliéné son héritage moins moitié de sa juste valeur, il peut obtenir des Lettres de Rescision, & faire déclarer la vente nulle, si l'acheteur n'aime mieux payer le prix que valoit l'héritage dans le tems de l'aliénation. Cette restitution n'est accordée qu'au vendeur, parce que la nécessité peut forcer de vendre à vil prix: mais elle n'oblige jamais d'acheter trop cher.

L. 2. cod. de resc. vend.

Observ. sur le plaid. 7. de Henris.

X I.

On doit obtenir les Lettres de Rescision dans les dix ans à compter du jour que les actes ont été passez: mais les dix ans ne commencent à courir contre les mineurs que du jour de leur majorité. Lorsque les restitutions sont fondées sur la violence, l'erreur ou le dol personnel, le terme fatal ne coure que du jour que la violence a cessée, ou que la fraude & l'erreur ont été découvertes.

Ord. de 1510. art. 44. de 1533 a. 134.

X I I.

Ceux à qui la crainte fait passer quelques actes contre leurs intérêts, doivent faire des protestations contre ces actes. Elles leur servent dans la suite à leur faire obtenir plus facilement la permission d'informer; & les Juges ne laissent pas que d'y avoir égard, lorsqu'elles sont apuyées d'autres présomptions.

CHAPITRE IV.

Des exceptions à la règle établie dans les Chapitres précédens.

NOUS avons fait voir dans les chapitres précédens que la preuve par témoins n'étoit pas admissible, lorsqu'il avoit été au pouvoir des parties de se procurer une preuve par écrit; & qu'elle devoit être reçûë, quand les parties n'avoient pas pu se procurer une preuve litterale. Mais cette régle n'est pas si générale, qu'elle ne souffre quelqu'exceptions. Nous examinerons dans ce chapitre quelles sont les circonstances dans lesquelles les Ordonnances permettent aux Juges d'admettre la preuve par témoins, quoique les parties n'ayent point été dans l'impossibilité d'avoir une preuve par écrit.

PREMIERE EXCEPTION.

Ord. de Moul. art. 54. Ord. de 1667. tit. 20. art. 2.

LA preuve par témoins doit être admiſe, quand il s'agit d'une ſomme ou valeur moindre de cent livres. Les Légiſlateurs n'ont pas cru devoir interdire la preuve par témoins dans cette circonſtance, parce que les hommes ſe portent rarement à trahir la vérité pour des ſommes auſſi peu conſidérables.

Article Premier.

Boiceau & Danty ſur la preuv par tém. ch. 18.

Quand les demandes ſont indéfinies, & qu'on ne raporte aucune preuve par écrit, le Juge, avant que d'accorder la preuve par témoins, doit obliger le demandeur d'expliquer ſa demande, & de la reſtraindre à la ſomme de cent livres.

II.

Ord. de 1667. tit. 20. art. 5.

Si dans une même inſtance la partie fait pluſieurs demandes, dont il n'y ait point de preuve, ou commencement de preuve par écrit, & que jointes enſemble, elles ſoient au-deſſus de cent livres, elles ne pourront être vérifiées par témoins, encore que ce ſoit diverſes ſommes qui viennent de diférentes cauſes, & en diférens tems, ſi ce n'étoit que les droits procédaſſent par ſucceſſion, donation, ou autrement de perſonnes diférentes. L'Ordonnance de 1667. n'a point d'égard à la diférence des cauſes dont les demandes procédent; mais à la diférence des perſonnes dont le demandeur a les droits. C'eſt en éfet cette diférence qui conſtitue des droits ſéparez & des actions diſtinctes, qui n'ont rien de commun enſemble, quoiqu'elles ſoient réunies dans un même exploit de demande.

Danty dans ſes add. ch. 18. n. 6.

III.

Boiceau ch. 14. n. 4.

On ne doit pas admettre la preuve par témoins pour prouver qu'une perſonne s'eſt obligée de payer pendant trois années conſécutives une ſomme de ſoixante ou de quatre-vingt livres. Car ce n'eſt éfectivement qu'une même obligation. Il n'eſt par permis de ſéparer ces payemens pour les conſidérer comme autant d'obligations diferentes.

SECONDE EXCEPTION.

Ordonn. de 1667. tit. 20. art. 3.

LA preuve par témoins eſt admiſſible, quand il y a un commencement de preuve par écrit, c'eſt-à-dire, quand on raporte un écrit dont on peut tirer une conſéquence qui faſſe préſumer la vérité du fait conteſté. Le commencement de preuve pas écrit & la preuve par témoins ſe prêtent un ſecours mutuel. La preuve par témoins ajoute le dégré de certitude qui manquoit à l'écrit pour faire foy par lui-même; & le commencement de preuve par écrit écarte tous les ſoupçons qui ont ſervi de motifs à l'Ordonnance, pour défendre aux Juges de recevoir la preuve par témoins dans les Tribunaux.

ARTICLE PREMIER.

C'est un commencement de preuve par écrit, quand l'écrit dont on se sert contient expressément, ou un fait préparatif au fait contesté, ou un fait qui en est une suite naturelle. Ainsi un acte qui prouveroit que des Bans ont été publiez, formeroit un commencement de preuve par écrit que le mariage a été célébré; car la publication des Bans est une préparation à la célébration du mariage. Il en seroit de même si l'on raportoit des extraits de Bâtême dans lesquels le pére auroit avoüez ses enfans pour légitimes : car la légitimité supose toujours le mariage & en est une suite naturelle.

II.

On peut aisément conclure de la régle précédente, qu'il faut pour former un commencement de preuve par écrit, qu'il y ait une liaison vraisemblable entre le fait prouvé par l'écrit & le fait contesté. Or la liaison vraisemblable d'un fait avec un autre, se reconnoit par sa conformité avec la maniére dont l'expérience & le sentiment naturel nous découvrent que les hommes agissent ordinairement, c'est-à-dire, de la façon qui s'accorde le plus avec leurs penchans, leur raison, & les motifs qui les portent communément à agir : ainsi quoiqu'un débiteur, en signant une promesse, n'ait point exprimé la cause de son obligation, on n'en conclura pas que cette obligation soit sans cause : au contraire on tirera une conséquence oposée des principes naturels de nos actions. Car personne ne signe une promesse sans cause, & gratuitement dans l'espérance de la faire declarer nulle dans la suite.

III.

On peut regarder l'interrogatoire d'une partie sur faits & articles, comme un commencement de preuve par écrit, quand ses reponses sont pleines de variations. Car le mensonge que ses propres artifices trahissent, s'accuse ordinairement lui-même; au lieu que la vérité, plus elle est simple & une, & mieux elle se défend. Toujours d'accord avec elle-même, elle est incompatible avec les variations souvent inévitables, & toujours naturelles à la mauvaise foy.

IV.

Il arrive quelquefois, que quoiqu'un acte contienne experssément le fait contesté, il ne forme pas cependant une preuve entiére de la vérité, mais seulement un commencement de preuve par écrit sufisant pour faire admettre la preuve par témoins. Ainsi lorsqu'un Testateur reconnoit dans son Testament qu'il est débiteur d'une autre personne, cette reconnoissance fait une preuve entiére contre ses héritiers : mais si cette personne à laquelle il reconnoit devoir est le fils de sa femme, la Loy présume alors de l'amour d'un mari pour son épouse qu'une pareille reconnoissance faite en faveur du fils, est un fidei-commis déguisé, qui doit retourner au profit de la mére : ce Testament ne forme en faveur du fils qu'un commencement de preuve par écrit suffisant pour faire recevoir la preuve par témoins.

V.

Si un Acte passé pardevant Notaires est nul par quelque défaut de formalitez, & que ces formalitez ne soient pas de l'essence de l'Acte, mais qu'elles lui soient seulement accidentelles, cet Acte vaut comme écriture privée lorsque les parties en ont signé la minute; & si elles ont déclaré ne sçavoir signer, il forme un commencement de preuve par écrit suffisant pour faire recevoir la preuve par témoins.

TROISIE'ME EXCEPTION.

Ord. de Moul. art. 55. Boniface t. 1. p. 1. l. 8. c. 8.

ON doit recevoir la preuve par témoins dans le cas de la perte des preuves par écrit, pourvû que cette perte ne soit point arrivée par la faute des parties; car la Loy veut bien se prêter à leur malheur, mais elle n'entend point autoriser leur négligence.

ARTICLE PREMIER.

Boiceau c. 15.

Dans le cas de la perte des preuves par écrit, les témoins doivent déposer & de la perte des titres, & de ce qu'ils contenoient.

QUATRIE'ME EXCEPTION.

Obs. sur le 14. playd. de Henris.

LA preuve par témoins est reçûë dans la Jurisdiction de Messieurs les Maréchaux de France : mais personne n'ignore que ce Tribunal n'est point sujet aux regles ordinaires de la justice.

CINQUIE'ME EXCEPTION.

L'Ordonnance de 1667. tit. 20. art. 2. déclare qu'elle ne veut rien changer à l'usage qu'ont les Marchands d'admettre la preuve testimoniale dans les Jurisdictions Consulaires. Il suffit de les avertir d'user avec beaucoup de retenuë & de circonspection de la liberté qu'on leur donne. Tant que les Consuls useront bien de leur Jurisdiction, dit M. le Premier Président de la Moignon dans le procès verbal de l'Ordonnance de 1667, ils se maintiendront, mais ils ne sçauroient subsister en faisant mal.

SECONDE

SECONDE PARTIE.

De ce qu'il faut pour que la Preuve Testimoniale soit concluante; & des reproches qu'on peut légitimement proposer contre des Témoins pour faire rejetter leurs dépositions comme suspectes.

CE n'est point assez que les Juges soient instruits des circonstances dans lesquelles ils peuvent admettre la preuve par témoins, il faut encore qu'ils sçachent discerner quand cette preuve est concluante, de crainte qu'ils ne se determinent sur de foibles conjectures, & qu'ils n'aillent hazarder leurs Jugemens sur des preuves équivoques.

Toutes les preuves dont ont se sert pour parvenir à la vérité des faits contestez n'ont aucune certitude par elles mêmes, s'il m'est permis de parler ainsi. Elles tirent leur autorité de certaines veritez qui forcent les Juges à conclure qu'une chose est, quoi qu'il n'y ait point de liaison nécessaire entre le fait dont on tire la preuve & le fait qu'on veut prouver. Ce n'est pas précisement parce que deux témoins déposent d'un fait qu'on en conclut la verité. Car il n'y a pas une liaison nécessaire entre leur déposition & le fait dont ils déposent. Leurs témoignages n'a point d'autre cause que leur volonté, qui ne peut pas être gênée par un fait étranger avec lequel elle n'a nul raport. Pourquoi donc se détermine-t'on sur la déposition de deux témoins? C'est qu'en s'élévant jusqu'aux principes naturels de nos actions, nous voyons que deux témoins qui ont de la probité ne peuvent pas nous tromper, comme ils ne peuvent pas se tromper eux-mêmes quand ils ont du bon sens.

Ce principe indubitable une fois établi, il est aisé de connoître quand la preuve testimoniale est concluante. Non seulement cette preuve n'est pas concluante, quand les témoins ne déposent que des faits vagues dont on ne peut pas tirer des présomptions assez fortes pour en conclure la verité du fait contesté: mais elle est encore incertaine, équivoque, insuffisante, quand en s'élévant aux principes naturels de nos actions, loin de trouver des véritez qui nous obligent d'avoir une confiance entiere dans leurs dépositions, nous ne trouvons que des raisons de douter de leur fidélité. C'est ce qu'il nous faut expliquer dans les deux chapitres suivans avec le plus d'ordre & de précision qu'il nous sera possible.

CHAPITRE PREMIER.

De la Justesse des conséquences qu'on peut tirer d'un fait pour établir la verité d'un autre fait.

Duaren disp. anniv. l. 1. ch. 27.

ON divise les preuves, en preuves directes, & preuves obliques ou indirectes. La preuve par témoins est directe, quand les témoins deposent précisement du fait conteste. Elle est oblique ou indirecte, quand ils deposent d'un fait dont on peut tirer des conséquences qui puissent établir la verité du fait qu'on cherche à connoître.

Il y a quatre conditions nécessaires pour que la preuve directe soit concluante;

1°. Que les témoins déposent d'un fait qui s'est passé en leur présence, & dont ils sont physiquement convaincus;

2°. Qu'ils déposent des principales circonstances. Car s'ils ne raportent que des circonstances détachées, ce ne sera plus qu'une preuve conjecturale, puisque les faits ne sont qu'un amas, un assemblage de circonstances qui ne sont pas nécessairement liées les unes aux autres: Et s'il est vrai que les personnes qui ont agi pouvoient ne point agir, il est également vrai qu'elles pouvoient agir diféremment.

3°. Il faut que les témoins soient fermes dans leurs déclarations. S'ils varient, il n'y a plus de certitude dans leurs témoignages; la preuve n'est plus d'aucune autorité.

Le Vayer traité de la preuv. par comp. d'ecritures.

4°. Il faut qu'il y ait deux témoins qui déposent du même fait. Un seul témoin de quelque qualité qu'il puisse être ne prouve rien. Car son témoignage pourroit tout au plus former une demie preuve. Mais qu'est-ce qu'une demie preuve? Qu'est-ce qu'une verité découverte à demi? Qui a jamais vû des demies verités? La verité est une, elle est indivisible. Ce qui est vrai, est entierement vrai; ce qui n'est qu'à demi vrai, est entierement incertain.

Duaren disp. anniv. l. 1. ch. 27.

Les preuves obliques ou indirectes se divisent en preuves nécessairement véritables, preuves vraisemblables & preuves qui ne repugnent pas. La certitude de ces preuves dépend non seulement de la maniere dont les témoins font leurs dépositions; mais encore de la justesse des conséquences qu'on tire du fait dont ils déposent pour établir la verité du fait qu'on cherche à connoître.

Les preuves sont infaillibles, quand la verité du fait contesté est une suite ou une conséquence nécessaire de la verité du fait dont les témoins déposent. On ne peut jamais tirer d'un fait une conséquence nécessaire pour établir un autre fait, qu'en prouvant l'éfet par la cauſe, ou la cauſe par l'éfet; comme dans l'exemple ſuivant, *voilà de la cendre, donc il y a eu du feu.*

On peut auſſi tirer d'un fait une conſéquence néceſſaire pour démontrer l'impoſſibilité d'un autre fait. Ainſi S. Athanaſe, en repreſentant Arséne, fit voir qu'il ne pouvoit pas être coupable du crime dont ſes ennemis l'accuſoient.

Socr. 1. c. 29. Hiſt. Eccleſ. l. 11. n. 15.

La preuve eſt vraiſemblable, quand la liaiſon qui ſe trouve entre le fait dont ont tire la preuve & le fait qu'il faut prouver, n'eſt pas abſolument néceſſaire, mais qu'elle eſt apuyée de fortes préſomptions; par exemple, de ce que Titius eſt né pendant le mariage de Sempronius avec Sophonie, on en conclura vraiſemblablement qu'il eſt fils de Sempronius: mais cette conſéquence n'eſt pas abſolument néceſſaire, puiſqu'il n'eſt pas impoſſible que cet enfant ſoit le fruit malheureux des debauches & des ſcandales de ſa Mére.

Pour qu'une preuve ſoit vraiſemblable, il faut 1°. qu'on puiſſe conclure néceſſairement que le fait eſt poſſible. 2°. Il faut qu'en examinant le cours ordinaire de la nature, & en conſultant les principes naturels de nos actions, on trouve plus de raiſons de croire que le fait eſt que de douter de ſa vérité.

La preuve ne repugne pas, quand elle eſt apuyée ſur la conjecture la plus légere. Mevius eſt aſſaſſiné quelques jours après avoir eû querelle avec Sempronius. On n'en conclura pas néceſſairement que Sempronius ſoit l'auteur du crime; car cet homicide peut avoir eu pluſieurs autres cauſes. La querelle ne formera pas non plus une preuve vraiſemblable; car les inimitiez ne vont que rarement à de pareils excès. Mais la preuve ne repugne pas, parce qu'il n'eſt pas impoſſible que l'homicide ait été occaſionné par la querelle. Enfin la preuve eſt néceſſairement veritable, quand un fait ne peut avoir été produit que par le fait dont les témoins depoſent. Elle devient vraiſemblable quand le fait peut avoir eû deux cauſes diférentes: & elle perd autant de degrez de vraiſemblance qu'il y a de cauſes, dont le fait conteſté peut avoir été l'éfet.

CHAPITRE II.

Des reproches qu'on peut légitimement propoſer contre des Témoins, pour faire rejetter leurs dépoſitions comme ſuſpectes.

NOus avons dit que la preuve par témoins tiroit toute ſa force & ſa certitude de ces deux véritez; que des témoins qui avoient du bon ſens ne se trompoient point eux-mêmes ; & qu'ils ne vouloient pas tromper les autres, lorsqu'ils avoient de la probité.

On peut conclure de la premiere verité, que les Juges doivent rejetter les dépositions des insensez, des imbéciles, & des enfans qui sont encore dans un âge si foible, qu'ils peuvent aisément se laisser tromper par les aparences. De quel poids en éfet, & de quelle autorité peuvent être de pareils témoignages ?

La seconde verité nous aprend que les Juges doivent être extrêmement reservez à recevoir les depositions des personnes condamnées pour des crimes qui flétrissent l'honneur & la reputation. Comment pourroient-ils sans indiscretion présumer encore de pareils témoins véridiques ?

Si les hommes sont intéressez à déguiser la verité, leurs témoignages ne doivent point être reçûs ; car ils n'ont pas coûtume de faire des déclarations qui leur portent préjudice.

Non seulement on rejette les témoignages des personnnes intéressées dans les faits qu'ils faut prouver, mais encore de celles qui doivent prendre part à l'intérêt de ceux que ces faits regardent. L'Ordonnance de 1667. Titre. 22. Article. 11. Porte que *les Parens & Alliez des Parties, jusqu'aux enfans des Cousins issus de Germain, inclusivement ne pourront être témoins en matiere civile, pour deposer en leur faveur ou contre eux.* Il en est de même des Domestiques qu'on doit soupçonner de favoriser les intérêts de leurs Maîtres.

Il ne suffit pas pour reprocher un témoin qu'il soit ou l'ami de celui qui le fait déposer, ou l'ennemi de celui contre lequel il dépose. Mais on doit juger par le raport qu'il y a entre sa déposition & les autres preuves, de l'égard qu'on doit avoir à son témoignage.

www.ingramcontent.com/pod-product-compliance
Ingram Content Group UK Ltd.
Pitfield, Milton Keynes, MK11 3LW, UK
UKHW021108270726
13993UKWH00006B/1813

9 782329 319841